智库 中社
国家智库报告 2016（54）
National Think Tank
国　家　治　理

新疆治理实践的过程论审视

王立胜　杜武征　著

THE GOVERNANCE PRACTICES OF XINJIANG: A REVIEW FROM PROCESS THEORY

中国社会科学出版社

图书在版编目(CIP)数据

新疆治理实践的过程论审视/王立胜，杜武征著.—北京：中国社会科学出版社，2016.11

(国家智库报告)

ISBN 978-7-5161-9118-7

Ⅰ.①新… Ⅱ.①王…②杜… Ⅲ.①社会管理—研究—新疆 Ⅳ.①D674.5

中国版本图书馆 CIP 数据核字（2016）第 252559 号

出 版 人　赵剑英
责任编辑　王　茵
特约编辑　周枕戈
责任校对　李　莉
责任印制　李寡寡

出　　版　中国社会科学出版社
社　　址　北京鼓楼西大街甲 158 号
邮　　编　100720
网　　址　http://www.csspw.cn
发 行 部　010-84083685
门 市 部　010-84029450
经　　销　新华书店及其他书店

印刷装订　北京君升印刷有限公司
版　　次　2016 年 11 月第 1 版
印　　次　2016 年 11 月第 1 次印刷

开　　本　787×1092　1/16
印　　张　8.25
插　　页　2
字　　数　85 千字
定　　价　36.00 元

摘要：本书基于新疆2015年社会形势的总体判定和社会治理的“在场”实践过程，辩证分析新疆社会治理“显在”和“潜在”的认识误区，提出新疆社会治理体系和治理能力现代化的过程认识论和方法论，明确新疆社会治理的科学态度；进而在阐释“我能行”、“访惠聚”、“严打”、“去极端化”、“教育疏导”和“一反两讲”的历史唯物主义依据和辩证唯物主义取向的基础上，探讨社会动员和社会控制的前沿内核和“就地化”能指及所指，践行社会动员和社会控制形成良性互动的迫切现实之需、之急和之效；最终，在根本政治前提、关键环节、有效路径和决定因素的定位下，建构“四位一体”的立体化整体性实践机制，探寻新疆社会治理体系和治理能力现代化的“适时”和“在场”边疆治理理论。

关键词：过程论　治理体系　治理能力　社会动员　社会控制

Abstract: Based on the overall judgments of the social situation of Xinjiang in 2015, and the "presence" practice process of social governance, this book dialectically analyzes the "existing" and "potential" misunderstandings of the social governance of Xinjiang. We propose a process epistemology and methodology of the modernization of Xinjiang social governance system and governance capacity, thus specify the scientific attitude towards the social governance of Xinjiang. Furthermore, based on the historical materialism foundation and dialectical materialism orientation of "I can do", "visit-benefit-assemble", "strike-hard", "anti-extreme behavior", "education and guidance", and "anti-violence , advocate law and rule", we explore the front-core of social mobilization and social control, the signifier and signified of "in situ". We also practice effective interactions between social mobilization and social control, which are urgently needed by reality. Finally, under the guidance of fundamental political prerequisites, critical steps, effective approaches, and deciding factors, we construct a three-dimensional and holistic "four-in-one" practical mechanism, explore the "timeliness" and “presence” border area governance theory, which corresponds to the modernization of Xinjiang social governance system and governance capacity.

目　　录

中央对新疆工作的指导思想是："以推进新疆治理体系和治理能力现代化为引领。"① 在学术界，比较有代表性和权威性的治理定义是："治理是个人和各种公共的或私人的机构管理其共同事务的诸多方式的总和。它是使相互冲突的或不同的利益得以调和并且采取联合行动的持续的过程。它既包括有权迫使人们服从的正式制度和规则，也包括各种人们同意或以为符合其利益的非正式的制度安排。"② 可见，"治理"在其自身的规定性上是一个过程。治理体系和治理能力在其对象性上是针对"人"而言的，治理体系是"人"进行"构筑"，治理能

① 新疆维吾尔自治区党委："学习贯彻落实好会议精神是当前首要政治任务"，天山网：http：//news. ts. cn/content/2014 －05/31/content_ 9720308. htm，2014 年 5 月 31 日。

② 俞可平：《治理理论与中国行政改革（笔谈）——作为一种新政治分析框架的治理和善治理论》，《新视野》2001 年第 5 期。

力是“人”进行“提升”。无论是“提升”，还是“构筑”，它们都有一个区域限定，本文研究对象的区域限定就是新疆。并且，这种区域限定的“提升”和“构筑”，其根本方向是现代化，就其对全社会的功能而言是“引领”。但“提升”、“构筑”、“现代化”和“引领”并不是静态的，它们是运动的。既然是运动的，它就必然要有一个过程，而过程又必然要回归现实。国家“治理体系”和“治理能力”现代化的解说，除了习近平总书记的经典阐述以外，学术界最具代表性的是江必新的“四化和二运用说”① 和俞可平的“至少有五个标准说”②。

① “四化和二运用说”：所谓国家治理体系和治理能力的现代化，就是使国家治理体系制度化、科学化、规范化、程序化，使国家治理者善于运用法治思维和法律制度治理国家，从而把中国特色社会主义各方面的制度优势转化为治理国家的效能。（注：江必新：《推进国家治理体系和治理能力现代化》，《光明日报》2013 年 11 月 15 日第 1 版）

② “至少有五个标准说”：其一是公共权力运行的制度化和规范化，它要求政府治理、市场治理和社会治理有完善的制度安排和规范的公共秩序。其二是民主化，即公共治理和制度安排都必须保障主权在民或人民当家做主，所有公共政策要从根本上体现人民的意志和人民的主体地位。其三是法治，即宪法和法律成为公共治理的最高权威，在法律面前人人平等，不允许任何组织和个人有超越法律的权力。其四是效率，即国家治理体系应当有效维护社会稳定和社会秩序，有利于提高行政效率和经济效益。其五是协调，现代国家治理体系是一个有机的制度系统，从中央到地方各个层级，从政府治理到社会治理，各种制度安排作为一个统一的整体相互协调、密不可分。（注：俞可平：《衡量国家治理体系现代化的基本标准》，《北京日报》2013 年 12 月 9 日第 1 版）

笔者认为，这“二说”都是新疆治理体系和治理能力现代化的目标追求，但可否套用于区域范畴限定下的新疆问题呢？我们的基本观点是，必须透析新疆社会治理的历史过程和现实延展性，要把新疆社会所经历的一切、把新疆社会将要继续的一切，都当作一个不断发展的过程来看待。这种过程在历史的逻辑延续上必然体现为一种特殊的“必然性”。而这种“必然性”在现实的旨趣方面规定了“揭开面纱”的“应该”。笔者认为，这种“应该”可以定位于新疆“三大应该更多的治理”①。因为，这“三大应该更多的治理”既是区域和规制视角下的新疆社会治理体系和治理能力的现代化，又是软硬兼施的社会动员与社会控制的良性互动，它们在本质属性上是一个“去存量、控增量”

① “三大应该更多的治理”：应该更多的发挥软治理的作用，使软治理与硬治理能够协调一致，达到最好的治理效果；应该逐步转变族际主义为主的治理方式，更多的采用区域主义的治理方式；应该逐步完成由以情感型治理为主、规制型治理为辅的治理方式向以规制型治理为主、情感型治理为辅的转变。[注：马行行：《建国以来我国治理新疆的政策演进及发展趋势研究》，硕士论文，云南大学公共管理学院，2012 年 5 月，第 I 页（摘要）]

的祛除非世俗“常识”[①]的变革过程。并且，“……解决好存量不是一朝一夕能完成，需要较长时间”。[②]

① “常识”：是构成结构对应、功能耦合的稳固系统。常识变革可以采取三种方式：整体范式变革，多元分解以及替代分层解构模型。（注：任平：《当代视野中的马克思》，江苏人民出版社2008年版，第527页）

② 新疆维吾尔自治区党委：“新疆警察牺牲率是全国警察的5.4倍”，人民网：地方领导，http://leaders.people.com.cn/n/2015/0311/c58278-26672248.html，2015年3月11日。

一　关于思考新疆社会治理体系和治理能力现代化的认识论和方法论

2015 年新疆社会形势的总体判定是：

一是新疆社会大局稳定可控。其主要标志是：以社会稳定和长治久安为着眼点和着力点的思想普遍增强，各族群众对暴力恐怖活动的认识更加清醒、深刻，社会正气得到张扬，基层党组织威信提高，对暴恐活动的发现、防范、打击、处置能力进一步增强。

二是稳定的形势依然脆弱，主要表现是新疆社会依然存在“十大风险”①，总的局势是稳中有变数、稳中有风险、稳中有忧虑，不排除重点地区的局部地方存在恶化反弹的趋势。

---

① “十大风险”：一是维稳措施落实还不到位、安全防范流于形式，“7·28”案件反弹、发酵的风险；二是教育发动群众不够深入、情报信息预警能力弱的风险；三是幕后黑手深挖不彻底、漏网之鱼伺机作案的风险；四是严打收押人员亲属伺机报复、制造事端的风险；五是流动人口中高危人员流窜突发作案的风险；六是境外参加暴恐组织人员回窜国内作案的风险；七是部分重点人员失控漏管、转化不力的风险；八是一些非宗教教职人员（“野阿訇”）和有宗教极端思想的宗教教职人员煽动蛊惑的风险；九是基层基础薄弱、基层组织软弱涣散的风险；十是网上渗透加剧、网下效仿不断的风险。

三是形势依然极其严峻、极其复杂。其主要表现是暴恐活动依然处于活跃期、高发期，呈现新的动向，疆内“土壤”肥厚，境外“种子”影响加大，网上斗争更趋复杂。

有这“三大”对新疆社会形势的总体判定，能够明确的是：新疆社会治理体系和治理能力的现代化，真真切切的是新疆社会治理的当务之急，必须要在思维认识和方法领域进行深入的探索和研究。

（一）新疆的社会治理是关乎全国稳定和国家整体性安全的当务之急

新疆位于中国西北边陲，占中国国土总面积六分之一，是中国陆地面积最大的省级行政区，其稳定关系到全国的稳定。新疆地处亚欧大陆腹地，陆地边境线长，周边与八国接壤，有着地缘政治上“脆弱”的边疆问题。新疆主要居住有汉、维吾尔、哈萨克、回等 47 个民族，有着错综复杂和“敏感”的民族问题。新疆的众多民族有着不同的宗教信仰，特别是信仰伊斯兰教的南疆地区，有着容易“变异”和“极端”的宗教问题。新疆是第二座“亚欧大陆桥”的必经之地，又是丝绸之路经济带建设的核心区域，其发展有着牵动整个中国发展大局的“通道是否顺畅”以及“一带一路”战略能否成功实施的问题。归结起来，可以准确地进行现实判定：“内陆、沿海省份”①社会治理面临的矛盾和难题在新疆社会治理中基本上都存在，但新疆社会治理面临的一些矛盾和难题，“内陆、沿海省份”却并非都具备。因为，新疆问题一方面是新疆的问题，另外一方面又不是“新疆”的问题。它不同于中国南海大部分岛礁和“台独”问题的地方就在于新疆已经被有效地控制。在根本属性上，新疆社会治理的一些矛盾不是人民内部的矛盾，而是与敌对势力和“反动派”的“你死我活”的斗争，而这就不是在隐性方面，而是在显性方面直接关系到国家安全。并且，涉及的国家安全不仅是战术层面，更是战略层面的。因为，历史发展的逻辑所证实的一条铁的规律是：西北是中国的战略屏障，新疆又是整个西北的最大战略屏障，西北不保，中原必乱。确保新疆稳定，确保“三股势力”②不向内陆省份蔓延，不仅是为了新疆自身，

① “内陆、沿海省份”：以我国为例，通常认为青海、甘肃、云南、四川、湖北、湖南、安徽、江西、河南、山西、陕西等省份都是内陆省；山东、江苏、浙江、福建、广东等省份都属于沿海省份。

② “三股势力”：暴力恐怖势力、民族分裂势力、宗教极端势力。

“新疆是在为全国稳定做贡献”。[1] 当今，新疆社会的“三股势力”不死，“三非”[2] 不绝，“三期叠加”[3] 依然存在，正是新疆社会治理最真实的客观现实写照。

1. 新疆社会是一个巨大的复杂系统，社会治理面临许多重大问题

社会是一个复杂的系统，而新疆社会又是有别于“内陆、沿海省份”的巨大的复杂系统。它们的共性诚如马克思所说的：“社会——不管其形式如何——究竟是什么呢？是人们交互作用的产物。”[4] 也即是说，基于生产力之上的“交互”和“互动”作用构成生产关系，“生产关系总合起来就构成为所谓的社会关系，构成为所谓社会，并且是构成为一个处于一定历史发展阶段上的社会，具有独特的特征的社会”。[5] 在新疆，这个处于一

---

① 新疆维吾尔自治区党委：“新疆警察牺牲率是全国警察的 5.4 倍”，人民网：地方领导，http：//leaders. people. com. cn/n/2015/0311/c58278 - 26672248. html，2015 年 3 月 11 日。

② “三非”：非法宗教活动、非法宗教宣传品、非法宗教网络传播。

③ “三期叠加”：暴力恐怖活动活跃期、反分裂斗争激烈期、干预治疗阵痛期。

④ 《马克思恩格斯选集》（第 4 卷），人民出版社 1972 年版，第 320 页。

⑤ 《马克思恩格斯选集》（第 1 卷），人民出版社 1972 年版，第 363 页。

定历史发展阶段的新疆社会是一个过程的社会，而“独特的特征”是新疆社会过程中的“个性”。新疆“2014年预计完成地区生产总值9200亿元，增长10%；全社会固定资产投资首次突破万亿大关，达10185亿元，增长25%，总额为2009年的3.6倍”。[①] 但新疆社会不仅仅是一个单纯的经济发展问题，可喜的经济发展数字、速度和规模不能掩盖新疆社会在现实的“底层社会”[②] 层面的民族是否团结、宗教是否和谐、分裂势力是否绝迹等“历史性”的问题。虽然新疆在过去的2014年构筑了“七个形成”[③]，但依然处于“十大风险”时期，这就给新疆社会的治理带来许多的难题和挑战。并且，这些难题和挑战往往成为制约新疆经济“腾飞”的巨大牵绊。

---

① 新疆维吾尔自治区党委：“自治区十二届人大三次会议开幕”，天山网：张春贤同志活动报道，http：//zhengwu. ts. cn/content/2015 - 01/20/content_ 10940 237. htm，2015年1月20日。

② “底层社会”：底层社会是一种社会存在，也是一种价值关怀，还是一种研究立场。在转型的过程中，资源重新分配和积聚的一个直接结果，是在我们的社会中开始形成了一个相当规模的底层社会（转引自孙立平，2002年）。（注：刘威：《“朝向底层”与“深度在场”——转型社会的社会学立场极其底层关怀》，《福建论坛（人文社会科学版）》2011年第3期）

③ “七个形成”：一是初步形成了万众一心、共保稳定的良好氛围；二是形成了打击暴恐、维护人民安宁的强大气场；三是形成了对暴力恐怖严防严打的高压态势；四是形成了抵御渗透、遏制极端的工作机制；五是形成了反恐维稳的强大合力；六是形成了“反暴力、讲法治、讲秩序”的浓厚氛围；七是形成了基础向好、民心凝聚的良好趋势。

不仅如此，在新疆经济发展和社会稳定的博弈过程中，社会稳定往往在部分的“主导性”层面居于首要位置，这也就出现了“不能用一种倾向掩盖另一种倾向”[①]的问题，姑且称之为：“倾向掩盖论。”但如果置之于历史长河的过程中，在过去——现在——未来的纵向对比中，当前分裂活动的频繁，只能说是“小巫见大巫”。

历史上，新疆（西域）与中原王朝的关系呈现的历史规律即是：中央政权强大之时，中央对新疆的管理呈现不断强化之势，中央政权式微之时，中央对新疆（西域）的管理呈现弱化，甚至脱离之势。尤其是鸦片战争以来帝国主义分裂中国的战略在今天的继续与延展，尽管其表现方式愈加欲盖弥彰，但本质属性和“用心”上依然如故。并且，在时间的持续性上，其活动一直不断，没有终止；在空间的延展性上，其目标始终如一，没有转移。截至目前，基本上形成了国外有思想、国内有温床，国外有指挥、国内有行动，内外势力相互勾结的“三股势力”活动基本格局。同时，人们不禁要反思，

① 新疆维吾尔自治区党委：“处理好稳、进、改的关系　做好十项重点工作”，中国共产党新闻网：高层动态，http：//cpc. people. com. cn/n/2014/0708/c64094 -2525 4549. html，2014 年 7 月 8 日。

新疆实现和平解放60多年来的大小暴力恐怖事件似乎都能追溯到外国的敌对势力，但为什么敌对势力会这么轻而易举地攻破那些疆内反动分子的心理防线呢？须知，“反思并不是指向外部对象，而是要反观主体自身”。① 当然，笔者不是要否定外国敌对势力的存在和影响。只是在质疑，难道仅仅是因为祖国对他们还不太好吗？仅仅是因为他们生活水平太差、受教育的水平很低或者综合素质很差吗？要知道热比娅原来可是新疆的女“首富”，其老公可是新疆大学原来的“教授”！可见，新疆的有些问题不是教育问题，也不是经济问题。当然，不否定这些基础性因素的作用和影响。但更须知，“三股势力”的根子是民族分裂主义，思想基础是宗教极端主义，活动方式是暴力恐怖。所有的这些给新疆当今社会治理带来的挑战和难题，可谓“贯穿”着历史，又“超越”着历史。

2. 研究新疆社会治理必须要有正确的方法论

问题的存在不是要漠视或者回避问题，更不是“掩耳盗铃”及陷入“白马非马”的“空中逻辑”。“规定即

---

① 卢春红：《由“反思”到“反思性的判断力”——论康德反思概念的内涵及其意义》，《哲学研究》2015年第2期。

否定”①，问题存在本身是为解决问题这一“否定”而存在的。要解决新疆社会治理存在的难题和挑战，就必须要有正确的思想认识方法和研究方法。而“人的正确思想，只能从社会实践中来，只能从生产斗争、阶级斗争和科学实验这三项实践中来”。② 而实践不仅是实践唯物主义的哲学命题，更是正确的思想认识和方法论。也即是：人们用“世界是什么、怎么样”的根本观点作指导去认识和改造世界，就成了方法论。不仅如此，同世界观相脱离、相分裂的孤立的方法论是不存在的，不具备方法论意义的纯粹世界观也是不存在的。思维和存在以及社会存在和社会意识“何者为第一性”的基本原则，也是研究新疆社会治理的根本原则。马克思主义哲学的基本规定性决定了人们在对新疆社会治理的认识和实践活动中必须坚持一切从实际出发和实事求是的原则，自觉地去发现规律并利用规律去改造客观世界，严格地按

① “规定即否定”：源于斯宾诺莎的名言：Omnis determinatio est negatio，译成中文就是：“一切规定都是否定”，被黑格尔曾称之为“伟大的命题”。恩格斯高度评价了这句话，他认为：“在辩证法中，否定不是简单地说不，或宣布某一事物不存在，或用任何一种方法把它消灭。”（注：《马克思恩格斯选集》（第3卷），人民出版社1972年版，第181页）

② 《毛泽东文集》（第8卷），人民出版社1999年版，第320页。

客观规律办事是我们制定决策和执行决策的必要认识论前提。归结起来，只有马克思主义哲学的方法论才是一种解决新疆社会治理问题的方法论和方法系统。然而，在对新疆社会治理问题的分析和研究中，始终会存在一些偏离马克思主义哲学的认识方法和实践方法。我们的一个基本观点是，新疆社会治理是一个实践性很强的问题，而实践的一个基本特性就是它的时间性和空间性，这种时间性和空间性的统一体就是过程性。离开了过程性这个基本哲学方法，我们就很难得到关于新疆治理问题的正确判断。正确的认识论和方法论是解决新疆社会治理体系和治理能力现代化问题的思想认识前提。例如，新疆 2015 年稳定工作的总目标与 2014 年下半年一样还是“三个坚决”①，但是 2015 年实现“三个坚决”的具体实践环境已经不同于 2014 年，具体表现在“五个明显上升”②，这就决定了我们所采取的一系列措施都要根据

① “三个坚决”：坚决防止发生类似“7·28”这样的大规模暴恐案（事）件，坚决遏制暴恐案件多发频发势头，坚决防止暴恐活动向内地发展蔓延。

② “五个明显上升”：一是暴恐活动明显上升，二是“伊吉拉特”活动明显上升，三是暴恐分子跨区域活动明显上升，四是非法宣传品和非法宗教网络传播案件明显上升，五是境外敌对势力渗透明显上升。

情况的变化而进行具体的调整。这就是马克思主义哲学过程论所呈现的方法论在观察和分析问题时的正确态度。

（二）新疆社会治理的认识误区及其方法论根源

对于新疆社会治理问题的认识，无论是专家学者，还是干部群众，可谓众说纷纭。其中持认识比较多的就是：新疆问题的根源在于新疆很穷。不可否认，这种观点很具有代表性。朱军认为："以新疆为例，南疆三地州……这一地区的少数民族绝大多数生活在农村，多数从事第一产业，因此，这里的民族问题突出表现为民生保障与贫困问题。"[①] 这种观点影响不小，其潜台词就是，只要经济发展问题解决了，新疆社会治理中的困境也就解决了。还有人认为：新疆问题古来有之，是不能从根本上解决的，对于新疆社会的治理持悲观和消极的态度。诸如此类，笔者不一一列举。归结起来，分别是：

（1）新疆社会治理路径问题上的认识误区：要么偏重于经济发展，认为只要经济发展好了，人民生活富裕了，新疆社会自然就实现了长治久安，所以，新疆的社

① 朱军：《中国经济社会转型中的民族问题与民族事务治理——以国家治理能力为分析视角》，《民族研究》2015 年第 1 期。

会治理主要是抓好经济发展就行了。这种观点可以归结为“经济倾向论”。要么偏重于社会稳定，认为新疆社会治理的根本就是确保社会稳定，经济发展或者不发展是“无所谓”的，只要把新疆的稳定搞好了就是对中国做出了最大的贡献，所以，新疆社会治理就是集中精力抓稳定。这种观点可以归结为“稳定倾向论”。这就是第二次中央新疆工作座谈会所强调的不能用一种倾向掩盖另一种倾向的问题。

（2）新疆社会治理时间定位问题上的认识误区：要么认为新疆社会治理的问题很快就能够解决，只要大家认识到位、措施到位有几年时间就可以解决了。这种观点忽视了新疆治理问题的长期性、复杂性和艰巨性，可以归结为“盲目乐观论”。要么认为新疆社会治理问题根本没有办法解决，如果“有解”的话，那也不是一代人或者两代人能够解决的，甚至认为新疆社会的治理无论用什么样的政策和措施都是无济于事的，是永远解决不了的，这种观点没有看到新疆治理问题解决的可能性、现实性和发展性，可以归结为“消极悲观论”。这就是第二次中央新疆工作座谈会所强调的新疆问题的解决“等不得”但也“急不得”的根本道理之所在。

（3）新疆社会治理动力问题上认识误区：要么偏重于内因，认为新疆社会的治理古来有之，是新疆这片大地“土生土长”的问题，而且“土壤异常肥沃”，用不着别人来指手画脚，新疆人的事情新疆人自己解决。外地人到新疆来既是抢走了新疆的资源也是挣走了新疆的钱。这种观点看不到社会主义市场经济体系对全国范围市场的覆盖，也没有用全球化的眼光和视野去观察和思考新疆的发展和未来前途。这种观点可以归为“封闭保守论”或者“单纯自力更生论”。要么偏重于外因，一方面在社会稳定问题上，认为新疆社会稳定的根源是境外敌对势力的幕后指使和操纵，只要外部敌对势力存在，只要中国在世界上还有“对手”和敌人，新疆问题就永远解决不了；另一方面在经济发展问题上，认为新疆的干部群众辛辛苦苦守在边疆，为祖国的统一和国家的繁荣富强做出了很大的贡献，中央的支持和内地省份的对口支援都是应该的，我们自己无须在经济发展上再去努力。这种观点看不到自力更生精神在一个地域经济发展中的极端重要性，总是幻想着不劳而获，以“等靠要”替代了辛勤劳作。这种观点可以归结为“坐享其成论”

或者“单纯依靠外援论”。

（4）新疆社会治理层次问题上的认识误区：要么认为新疆的治理就是打击，新疆的稳定就是打出来的，无须浪费时间跟他们讲道理，讲道理也没有用。这种观点强调打击是对的，但在实施打击的同时忽视其他更深层次的工作是错误的。这是典型的“单纯治标论”。要么认为新疆的治理无须“严打”，只要发展经济，搞好教育，发展民生，做好交往交流交融工作，就一定会解决问题。这种观点强调这些措施的综合运用是对的，而且这些都是一些治本之举，只要这些问题都做好了，新疆的社会治理问题也就“有解”了。但是，以此否定打击的重要性也是错误的，因为就目前的现实情况而言，“三股势力”对新疆的破坏活动是十分猖獗的，不进行严厉的打击，就无法保持和维持新疆基本的社会秩序，就没有发展经济、推进教育、重视民生和各民族交往交流交融的基本社会环境，所以，“严打”虽然是一种“治标”的举措，但它是必须的行动，而且是前提性的实践措施。如果忽视这一点，那就是“单纯治本论”。我们要明确的是这种“单纯治本论”是治不了本的，没有了治本的基本前提，何谈治本呢。

之所以会对新疆社会治理问题产生上述的认识误区，主要在于认识主体没有树立科学的认识论和方法论，没有跳出“非此即彼”的传统哲学思维局限，在认识论上坚持的是形而上学和机械唯物主义。也即是说：一方面，他们承认了现实的存在，也从现实的存在寻找了根据，但是这种根据不是现实、对象和感性的“上升物”。看到了“直观”的存在，但是没有看到“非直观”的趋势。一句话，没有坚持“历史即过程”和“真理即过程”① 的认识论和方法论。具体来说：“经济倾向论”看到了经济的决定性作用，但没能看到“上层建筑”的反作用，没有认识到社会稳定对经济发展的条件性前提作用，更没有认识到经济发展和社会稳定之间不是一种自然而然的线性决定关系，而是一种非线性的实践过程基础上的立体互动关系。“稳定倾向论”看到了稳定对于新疆社会正常运行的必备条件作用，在新疆干部群众的思想状态和工作过程中，可谓“没有与稳定无关的人，没有与稳定无关的事”，这是合乎新疆现实的判断，但因为稳定问题就忽视了经济发

① 杨超：《过程论》，《社会科学战线》1979 年第 2 期。

展的基础和关键作用，甚至把“社会稳定”当成了贪腐、懒政和庸政的“托词”或者“推辞”，用社会稳定绑架其他应该努力的一切，那就是极端错误的思想和行为了。持这种见解者往往用邓小平的“稳定压倒一切”的著名论断来为自己找根据，但稍有马克思主义常识和当代中国历史知识的人都会明白，邓小平主张的“稳定压倒一切”的论断恰恰是在肯定经济的决定作用的前提下而提出的，他强调稳定的“压倒”性作用，正是为了促进经济的快速发展和为了提高人民的生活水平而立论的，不是就稳定而谈稳定。经济发展对于社会稳定是有决定作用的，不能设想：“老百姓吃不上饭还谈稳定。”社会稳定反过来又会促进经济发展，不能设想：“一个连生命都保障不了的人还去谈发展经济。”一句话，他是在把经济发展和社会稳定置于一个统一的实践过程中来谈经济和稳定的辩证关系的。同样，如果把新疆社会治理问题的时间定位问题置于实践过程中来考察的话，我们立刻可以看到新疆社会治理存在的问题，既不可能像“盲目乐观论”者主张的那样在短时间内彻底解决，也不可能像“悲观消极论”者主张的那样认为永远解决不了问题。在马克思主义过程论的视野中，道路的曲折性和前途的光明性是在实践过程中统一起来的。在事物的发展动力问题上，马克思主义哲学认为，内因对于事物的变化发展起决定性的作用，但内因的决定性并不排斥外因的存在，并且有时候外因往往起着非常关键的促进作用，决定着人们在前进过程中的螺旋层次和程度。当然，外因的作用再大也只能通过内因才能发生作用，这就是内因与外因的辩证法。只有坚持内外因的辩证统一，才能探究和推动新疆社会治理问题解决的途径、手段、方式和方法。并且，在坚持内外因辩证统一的同时，还要在辩证的否定中看到质量互变的过程。这些道理再清楚不过地说明了，在新疆治理的动力问题上，我们必须立足于自力更生但又不能局限于自力更生，同时，我们要积极争取外援，但又不能全靠外部援助。“单纯自力更生论”和“单纯依靠外援论”或者说“闭关保守论”和“坐享其成论”都是错误的，是违背马克思主义辩证法的错误主张，如果将这个问题置于实践过程论中分析，问题也会变得一目了然。至于“治标”和“治本”的关系问题，我们也不能离开实践过程来空谈所谓的理论，“单纯治标论”和“单纯治本论”的出现都是离开实践过程的空谈之论。就新疆的治理实践来讲，目前的“严打”行动，确实是“治标”之举，但这种“治标”是为“治本”提供前提和开辟道路，是为“治本”争取时间。但是，我们也不能为了“治标”而“治标”，在“治标”的同时必须跟上“治本”的措施，以此来巩固“治标”所取得的成果，这种“治标”和“治本”在实践过程中的不断推进，最后必然达成社会稳定和长治久安的实践成效。“治标”和“治本”辩证统一于实践过程中，不能离开实践过程在纯粹理论的层面上去人为割裂二者的关系。

既然社会治理是一个历史过程，那么，新疆的社会治理也可以通过追溯历史过程来说明问题。不能设想：“一个已经存在两千多年的问题会轻而易举的在几十年内解决”，更不能设想：“一个已经存在一千多年历史的宗教文化不会被反动势力轻而易举的利用。”毕竟，一个在他出生和成长的环境下长大，并且长期在一个特定区域社会群体中都受到一种宗教熏陶的人，即使你是对的、合法的，但是穿着宗教外衣的反动势力对于长期受宗教感染的他而言还是比你有眼球的吸引力、感情的认同力和基于自我现实理解的“合理性”。再加上千年血缘和共同语言的“鼓动力”和“诱惑力”及相貌上的“如此相似”，自然会在心理层面上走得比你“近得多”和“亲得多”！即使“我是粗粮和脏水，也不羡慕你的奶酪和纯净水，因为在你眼中的粗粮和脏水是我眼中的、‘合法的’‘恩赐’和‘圣水’”。所以，它不是一个短时期就能够解决的问题，但也不是遥不可及的“未知数”。马克思主义哲学认为，长期和短期，有限和无限的辩证的统一，是曲折性和前进性的辩证统一，并且，历史的前进趋势不为任何倒退势力所阻挡。归结到核心点，新疆社会治理认识误区及其方法论的根源就在于持这些认识误区的人们没有把新疆社会的治理看作是一个实践的、互动的、辩证的过程。只是停留在嘴上，不入心、不入脑的马克思主义，没有在思维和实践领域认清和透彻马克思主义。马克思主义，特别是“……马克思主义哲学仍然是我们时代的真理和良心”。[①]

（三）马克思主义社会认识论：过程论的理论意指和实践导向

恩格斯在《路德维希·费尔巴哈和德国古典哲学的

---

① 袁贵仁、杨耕：《马克思主义哲学：我们时代的真理和良心——纪念马克思逝世130周年》，《哲学研究》2013年第1期。

终结》里曾指出："世界不是既成事物的集合体，而是过程的集合体……"这是一个"伟大的基本思想"。[①] 在这种思想面前，"不存在任何最终的东西、绝对的东西、神圣的东西；它指出所有一切事物的暂时性；在它面前，除了生成和灭亡的不断过程、无止境地由低级上升到高级的不断过程，什么都不存在"。[②] 不仅如此，即使作为高级动物的"人的存在是有机生命所经历的前一个过程的结果"。[③] 也即是说：人是通过自己的活动自我创造、自我塑造，人以自身对环境的积极改造获得与自然相统一的过程。"过程既是客观世界的发展规律，又是认识、思维的发展规律。过程论既是科学的世界观，又是科学的方法论。过程方法既是科学的思维方法，又是科学的认识方法和工作方法，具有十分重要的意义。"[④]

1. **理论意指：马克思主义过程论既是实践论和时空统一**

---

① 《马克思恩格斯选集》（第4卷），人民出版社1995年版，第244页。

② 同上书，第217页。

③ 《马克思恩格斯全集》（第26卷第三册），人民出版社1974年版，第545页。

④ 郭建宁：《马克思主义哲学过程论探析》，《学术论坛》1991年第5期。

论，又是主客体互动论和辩证思维论

说过程论是一种实践论，不仅仅局限于现实生活着的人们的物质实践领域，也是思维领域的主体不断的反映客观规律的认识实践。也即是说，从微观视角，它是人们探索未知世界真理的实践过程；从宏观把握，它是人们认识社会主义必然代替资本主义及社会主义不断开拓新道路的认识过程。在这里，这个过程不是从实践到认识再从认识到实践的一次性过程，而是实践—认识—实践—认识……如此循环往复，以至于无穷。但这种循环和无穷不是解释学的循环和无穷，它是在以实践为基础和目的的前提下，把握必然和自由，克服盲目性，总结错误的实践经验，完成认识客观规律的实践过程。它既是一个过程，又是一种实践，过程论和实践论本质上是同一的。毛泽东同志有言："不但要懂得中国的今天，还要懂得中国的昨天和前天。"① 这段话所意蕴的就是历史唯物主义视域下的物质运动在时间上的过程持续性。在论述辩证法时，恩格斯曾指出："当我们说，物质和运动既不能创造也不能消灭的时候，我们是说：宇宙是作

① 《毛泽东选集》（第3卷），人民出版社1991年版，第801页。

为无限的进步过程……”[①] 恩格斯的这段话体现了宇宙空间视野下的物质运动在空间上的过程延伸性。由此判定，无论是物质运动的时间，还是物质运动的空间，它们都统一于过程。也正因为这样，当人类说事物总是运动的时候，是说事物总是当作空间过程出现及事物总是作为时间过程而向前发展的。过程论作为物质的运动，离不开时间和空间，过程论是一种时空统一论，是时间上的过程持续性和空间上的过程伸延性的统一。

在主体的精神世界，“思维过程同自然过程和历史过程是类似的，反之亦然，而且同样的规律对所有这些过程都是适用的”[②]。这是“因为思维过程本身是在一定的条件下生长起来的，它本身是一个自然过程……”[③] 同时，“人们自己创造自己的历史，但是他们并不是随心所欲地创造，并不是在他们自己选定的条件下创造，而是在直接碰到的、既定的、从过去承继下来的条件下创造”。[④] 在

① 《马克思恩格斯选集》（第 3 卷），人民出版社 1972 年版，第 557 页。

② 同上书，第 564 页。

③ 《马克思恩格斯选集》（第 4 卷），人民出版社 1972 年版，第 369 页。

④ 《马克思恩格斯选集》（第 1 卷），人民出版社 1972 年版，第 603 页。

这里，人本身是主体性的，但离不开社会属性的人又是客体性的，体现主体的人们精神世界离不开物质现实，离不开客体所呈现的规律性和过去历史的现实制约，客体的规律性和一定阶段的主体都在制约着主体的主观认识程度和层次。并且，这种制约伴随着人们认识和改造世界的全过程。这不是基于自我图式的发生学，而是实现了主体和客体之间的互动，从而更好地去认识和改造世界，实现人类社会由低到高、无穷发展的过程。并且，这一过程将一直伴随主体客体之间的互动，马克思主义过程论是一种主客体互动论。马克思曾言："整个所谓世界历史不外是人通过人的劳动而诞生的过程，是自然界对人说来的生成过程。"① 也即是说：这种自然界对人说来的生成过程是"为我而存在"② 的关系。并且，这种"为我而存在"的关系是一种否定性的矛盾关系，即：人类要维持自身的存在、肯定自身，就要对自然界进行否定性的实践，改变自然界的原生态，使之成为"人化自然"和"为我之物"。人总是在不断制造与自然的对立关系中去获得与自然的统

① 《马克思恩格斯全集》（第42卷），人民出版社1979年版，第131页。

② 《马克思恩格斯全集》（第3卷），人民出版社1960年版，第34页。

一关系，对自然客体的否定正是对主体自身的肯定。这种肯定、否定，再到肯定，一方面必然是一个客观过程，另外一方面又是辩证的思维认识过程。不仅如此，这种过程的阶段性是相对的，持续性是绝对的，过程的阶段性和持续性的辩证关系，是过程的相对性和绝对性的辩证关系的一个表现。并且，这种“表现”体现了量变和部分质变的关系，它们是辩证的统一过程。这表明：马克思主义的过程论和马克思主义的辩证法是不可分割的，马克思主义过程论是一种辩证思维论。

2. 实践导向：新疆社会治理的科学态度

上述针对马克思主义过程论的“四论”不是仅仅为了“四论”而“四论”，它不是空中楼阁的“纯学术形态”，也不是丧失主体性的“纯政治形态”，更不是缺失性的大众形态。因为，“当今中国马克思主义哲学界呼吁‘回到马克思’，应回到‘三形态’相统一的马克思哲学”。[①] 马克思主义过程论在“三形态”的呼声中指明了人们应当如何对待新疆社会治理的科学态度：

一、如何正确对待当前的新疆社会治理和长治久安

① 韩庆祥、张艳涛：《马克思主义哲学的三种形态及其历史命运》，《中国社会科学》2010 年第 4 期。

的新疆社会治理之间的关系，把握阶段性和持续性相统一的过程论问题；

二、如何在正确分析新疆社会治理内外因的基础上，运用过程论的观点分析新疆社会深层次的时空问题；

三、如何在坚持过程论的基础上，运用主体客体互动的观点解决新疆社会治理标本兼治问题上的质量互变问题；

四、如何在坚持过程论的前提下，运用辩证的思维看待新疆的“顶风作案”①、“突发事件不断”② 和新疆大局稳定可控之间的关系。

我们的意图是要提醒新疆的实践者，一定要按照过程论的认识思维看待新疆社会的历史和新疆社会治理的进程。将新疆解放以来的现时状态与初始状态相比较看出新疆社会的巨大变化，从而将党所领导的新疆社会治理事业看作一个持续探索的过程。坚持辩证思维，“既认识到新疆工作的重要紧迫、等不得，要立足问题解决症结，又认识到新疆问题长期复杂、急不得，要着眼长远

① “顶风作案”：在新疆，通常是指持续保持零容忍反对“三股势力”的高压态势的时代强音下杂音仍在。

② “突发事件不断”：在新疆，通常是指在保持“严打”势头和教育疏导的前提下，暴力恐怖活动依然不能绝迹。

久久为功；既认识到光靠发展解决不了新疆社会稳定和长治久安的问题，又认识到新疆有许多涉及稳定的深层次问题必须通过发展去解决；既充分认识新疆形势的严峻性、增强忧患意识，又增强解决问题的信心；既统筹推进各方面工作，又把握主要矛盾、明确重点任务；既强调推进全疆长治久安，又强调南疆是主战场”。①

① 新疆维吾尔自治区党委：“新疆维吾尔自治区召开干部大会”，中国共产党新闻网：高层动态，http://cpc.people.com.cn/n/2014/0122/c64094-24196262.html，2014年1月22日。

二 关键是形成社会动员和社会控制的良性互动

由于主体和客体之间在马克思主义过程论的视域中是实践中的互动过程，那么“社会动员”和“社会控制”就其自身而言一定也是互动的实践过程。

（一）社会动员：新疆社会治理体系和治理能力现代化的主体性基础

社会动员必然体现它的主体目的性，这种目的性对于区域限定下的新疆社会而言就是实现社会稳定和长治久安。社会动员对所动员的对象施加作用必然要通过一定的方法来体现，并且，这种动员群众的方法“不是脑子里头想得出来的，这依靠于从动员群众执行各种任务的过程中去收集各种新鲜的具体的经验，去发扬这些经验，去扩大我们动员群众的领域，使之适合于更高的任务与计划”，[①] 而这个更高的任务和计划

① 《毛泽东文集》（第1卷），人民出版社1993年版，第276页。

必然是在充分发挥主体能动性的基础上实现社会基础的重构。

1. 社会动员：适应—不适应—新的适应的新疆底层社会的循环型塑

社会动员是社会学的重要概念。美国政治学家卡尔·多伊奇最早提出“社会动员”一词，并用之描述现代化过程中“社会的、经济的和心理的旧的束缚的瓦解以及人们渐渐适用于新方式的社会化和行为的过程”，甚至“现代化进程就是社会动员过程”。① 社会动员，尤其是作为其范畴之下的政治动员是落后国家及落后地区通向现代化的必要条件。在这里，对于新疆社会而言，旧的束缚的瓦解也必然表现为不适应与适应最终达到完全适应的辩证过程。并且，伴随这种辩证过程的是新疆社会治理体系和治理能力现代化的循环型塑。在西方现代化理论中，社会动员是用于描述与解释传统社会的没落、消失，新社会（社会现代化）的力量与旧社会的对立过程，并且这种对立必然是一个转化的过程。代表性的就是美国政治学家亨廷顿所言的社会动员是：“一连串旧的

① ［以］艾森斯塔特 S. N.：《现代化：抗拒与变迁》，张旅平译，中国人民大学出版社 1998 年版，第 243 页。

社会、经济和心理信条全部受到侵蚀或被放弃，人民转而选择新的社交格局和行为方式”[①] 的过程。不仅如此，他还认为：政治动员是社会动员的一种特殊表现，它产生于革命战争时代，“在东方类型的革命中，政治动员是旧体制崩溃的原因”，[②] 是国家为了战时需要从政治、思想和组织上进行教育和鼓动，动员人民参加战争的手段。也即是，新疆的社会动员是把新疆社会稳定和长治久安的发展目标转化为社会民众行为的过程，从而使新疆社会实践中的“现实我”在行为塑造和社交格局方面转化为“理想我”的型塑过程。笔者在此引入的“社会动员”是广义“社会动员”的宏观范畴之下的，它运用传统的“狭义的”基于特定背景的“社会动员”（即政治动员）作为微观再现范本进行论证，并最终回归到广义“社会动员”逻辑框架之中。具体到新疆社会而言，社会动员是“通过多种方式影响、改变社会成员的态度、价值观和期望，形成一定的思想共识，引导、发动和组织社会成员积极参与社会实践，以实现一定的社会目标

① ［美］塞缪尔·亨廷顿：《变动社会中的政治秩序》，张岱云等译，上海译文出版社 1989 年版，第 31 页。

② 同上书，第 5 页。

的活动”,[①] 它一般具有目的性、秩序性、兴奋性等特征，是旨在实现新疆社会目标的、有目的的社会活动，在程序性上是自下而上的。延展至政治范畴下的社会动员理论，就是关于一定的政治主体——新疆党政，为实现新疆社会治理体系和治理能力现代化的目标而利用各种资源，综合运用各种方式去激发和动员客体积极性和主动性的行为和过程的理论。这一理论主要包括新疆党政社会动员的要素、基本途径、方式、功能等内容，并且，在程序性上是自上而下的。

2. 社会动员的主体性基础：“树立‘我能行’的主体意识”

社会动员的根本目的是激发社会主体的主体能动性。在新疆社会治理的实践中，决策者提出了“树立‘我能行’的主体意识”的哲学命题。这是为新疆治理的社会主体性寻找哲学依据。一个人必须承担两个角色，即主体我（简称“主我”）和客体我（简称“客我”）。所谓“主我”也就是主体自身活动与行为觉察者的我；“客我”则是被观察、被认识到的自我的身心

① 甘泉、骆郁廷：《社会动员的本质探析》，《学术探索》2011 年第 12 期。

活动状况。“我能行”是“主我”与“客我”相符的过程，在本质层面是一个“自我教育”过程。意指主体为了实现自己的理想和目标，有意识地调节自己的心理和行为，从而实现预定目标的过程。这一过程充分体现了主体的能动性、自觉性，也即是：主体意识的觉醒和自觉。马克思主义哲学认为，实践是人的存在方式。人既在实践中认识外部世界和改造外部世界，又在实践中认识、改造和完善自身。之所以能够做到这一点，其基本前提就是人作为一种理性的动物，具有区别于动物本能活动的主体意识。换句话说，人的现实活动从根本上说，是一种主体性的行为，是人的主体意识在实践中的发挥和实现。哲学意义上的意识包括对外部事物的意识和对自我的意识。其中，自我意识就是主体意识，即：人的主人意识或者自主活动意识，是人对于自身的主体地位、主体能力和主体价值的一种自觉意识，以及在此基础上对外部世界和人自身自觉认识的改造意识，是人之所以具有主观能动性的重要根据。主体意识是一个涵盖主客体关系、反映主体主观能动性的哲学范畴，是由自信意识、自主意识、实践意识、创新意识和公民意识构成的意义系统。马克思曾指出："历史不过是追求着自己目的的人的活动而已。"① 也即是恩格斯在《反杜林论》中的著名命题，社会历史规律是"人们自己的社会行动的规律"。② 社会历史的本质是历史创造者的主体能动性与他们必须尊重历史的既定条件的客观性的统一。所以，马克思在强调人们在社会历史发展中的主体能动性的同时，又十分重视尊重历史的客观规律。归结起来，主体的自我认识和自我评价的结果有两种。既可能由于主体掌握自己的多方面材料使这种认识和评价更公正、客观，也可能由于主体囿于自身的局限而使这种认识和评价带有片面性和主观随意性。客观公正的自我认识和评价能使主体正确地反映自身的长处，从而激发起新的力量和热情，及时地发现自己的不足而调整自己的心理和行为。相反，不恰当的自我认识和评价容易使主体陷入严重的盲目性。"我能行"的主体意识就是要在正确的认识和评价"主我"的基础上，实现"主我"和"客我"相符的过程。

---

① 《马克思恩格斯全集》（第2卷），人民出版社1957年版，第118—119页。

② 《马克思恩格斯选集》（第3卷），人民出版社1995年版，第634页。

3. 社会动员的具体方法论：毛泽东动员群众参与新疆社会治理的旨归

群众参与，单就新疆农村而言，起码有必要划分“自主的”和“非自主的”（或“经由动员的”）两类政治参与。动员群众参与就其本质规定而言是国家和社会的关系问题。中国共产党之所以能够走到现今时代的一个关键性的原因就是“政党下乡”，[①] 将政党的力量延伸到广大且处于最底层的农村社会，最广泛的动员群众参与。然而，对于极具敏感的新疆社会而言，动员群众参与的目的不仅是反对“三股势力”，更是新疆社会治理体系和治理能力现代化的旨归。并且，反对“三股势力”的根本目的就是为了实现新疆社会治理体系和治理能力的现代化。由此可以明确地判定，“政治参与不仅是政治关系量化的重要坐标，而且是政治质量评估的重要参数。不参与往往意味着不认同，不认同很可能就不参与”[②]。落实到新疆社会的基层而言，其一就是村民的意愿和国家的派出机构乡镇政府（包括党委）的意愿是否

---

① 徐勇：《“政党下乡”：现代国家对乡土的整合》，《学术月刊》2007年第8期。

② 詹小美、王仕民：《文化认同视域下的政治认同》，《中国社会科学》2013年第9期。

一致；其二就是村民的意愿和村党支部尤其是支部书记的意愿是否一致。当意愿不一致，或者村民连最基本的实话都不愿意讲时，这就需要进行最广泛的社会动员。而这种动员的前提：一方面是把中央和自治区的目标贯彻到底层社会的末梢，另外一方面是切实地让群众道出“心声”。众所周知，随着人民公社的崩溃，国家权力对基层社会的控制发生松动，中国农村，尤其是民族落后地区的南疆农村陷入了一定程度的无序和失范状态，新疆党政开始面临如何填补人民公社体制瓦解及废除之后某种程度上的新疆基层农村社会的组织和权力真空以及在个别地区的被“架空”。

在这样的背景下，怎样动员群众参与新疆党政主导的目标系统，前人不可能对这一新的问题进行系统的论述。但毛泽东动员群众参与的政治过程思想对此极具启发意义。毛泽东的政治动员过程思想包括：一是自上而下的动员过程，即通常所说的发动群众促使其政治意识觉醒的过程；二是自下而上的动员过程，即觉醒了的农民群众积极投身于革命和建设的过程。这就决定了：“我们共产党人无论进行何项工作，有两个方法是必须采用的，一是一般和个别相结合，二是领导和群众相结合。”[①]（1）坚持一般和个别相结合，实现“从组织上动员群众”，[②]这种动员方式要求发挥党和政府的基层组织、基层干部及军事组织的作用。并且，这些组织做“任何工作任务，如果没有一般的普遍的号召，就不能动员广大群众行动起来。但如果只限于一般号召，而领导人员没有具体地直接地从若干组织将所号召的工作深入实施，突破一点，取得经验，然后利用这种经验去指导其他单位，就无法考验自己提出的一般号召是否正确，也无法充实一般号召的内容，就有使一般号召归于落空的危险”。[③]对于新疆社会而言，实现基层社会治理体系和治理能力现代化的根本宗旨还是为了提高人民的生活水平，实现新疆与全国同步实现小康社会的目标。但这种目标的实现不是套用中央的红头文件，也不是套用自治区的宏观指示，而是要结合各地州、各县市、各乡镇甚至是各个基层行政村的具体实情，坚持一般与个别相结合的具体方法动员群众参与，才能实现目标系统的内在要求。（2）领导与群众结合，这种方式

① 《毛泽东选集》（第3卷），人民出版社1991年版，第897页。
② 《毛泽东选集》（第1卷），人民出版社1991年版，第124页。
③ 《毛泽东选集》（第3卷），人民出版社1991年版，第899页。

应是领导者所采取的措施要以“每一个工人、农民所喜欢接受的方式”。[1] 也即是说，“将群众的意见（分散的无系统的意见）集中起来（经过研究，化为集中的系统的意见），又到群众中去作宣传解释，化为群众的意见，使群众坚持下去，见之于行动，并在群众行动中考验这些意见是否正确。然后再从群众中集中起来，再到群众中坚持下去。如此无限循环，一次比一次地更正确、更生动、更丰富”。[2] 对于新疆社会而言，就是要紧紧依靠群众的力量，摆敌情、找线索、查隐患、挖根子，并且采取有效措施保护为新疆党政提供线索的群众，使他们对党和政府有信任感，有安全感。建立起群众专用的信息和情报网络，使破坏分子无处藏身。进而提高群防群治预警能力，组织动员各族群众加强联防联控、群防群治，筑起铜墙铁壁、构建天罗地网，形成全方位立体式的社会防控体系。最终形成一个“过街老鼠”人人喊打的局面。

不仅如此，毛泽东动员农民群众的内容是多方面的，他动员群众参与的方法也是有针对性的，但在根本性方

① 《毛泽东选集》（第1卷），人民出版社1991年版，第124页。

② 《毛泽东选集》（第3卷），人民出版社1991年版，第899页。

面都离不开其所强调的“必须具备两个条件”①。对于新疆社会治理而言，新疆的反恐维稳和现代化要得到农民群众的支持，必须首先注意农民群众与物质利益的关系。也即是：保障农民群众的生命安全；保护农民群众现有的物质生活条件；满足农民群众的正当的物质需求；关心农民群众的生产和生活。同时，在动员新疆，特别是动员南疆农民群众参与现代化的过程中必须克服农民群众身上表现出的不适应现代化的滞后思想和自身弱点；激发农民群众的政治热情，打消他们的自卑感；加强组织领导，克服农民群众的散漫自私和极端宗教思想源头的极易煽动性。当然，对于新疆基层的一些涣散党组织或者受到宗教氛围浓厚群体的干扰而不坚定的基层党支部，由于他们存在害怕反“三股势力”斗争失败及失败后反动势力报复的部分潜在客观心理，必须要针对具体情况采取有效的个别动员方式。而且，当一些农民群众对“反恐维稳”的政策不理解以及对基层党员干部工作

① “必须具备两个条件”：领导的阶级和政党，要实现自己对于被领导的阶级、阶层、政党和人民团体的领导，必须具备两个条件：（甲）率领被领导者（同盟者）向着共同敌人作坚决的斗争，并取得胜利；（乙）对被领导者给以物质福利，至少不损害其利益，同时对被领导者给以政治教育。［注：《毛泽东选集》（第4卷），人民出版社1991年版，第1273页］

有不满情绪时，也要采用个别动员的方式去解决。进而在农民群众中受到“反恐维稳”影响的人数越来越多，在局部地区显现了一定的实力时，则可采取群体动员方式。这一方面是在显示新疆党政的强大力量，另一方面也能吸引更多的农民群众参与“反恐维稳”。但在实践的过程中，正如毛泽东曾经描述的：“许多同志，不注重和不善于团结积极分子组成领导核心，不注重和不善于使这种领导核心同广大群众密切地结合起来，因而使自己的领导变成脱离群众的官僚主义的领导。”① 这就要求新疆党政，在推动新疆社会治理体系和治理能力现代化的过程中，一方面，要充分运用人际交往交流的动员方式，明确“所谓领导权，不是要一天到晚当作口号去高喊，也不是盛气凌人地要人家服从我们，而是以党的正确政策和自己的模范工作，说服和教育党外人士，使他们愿意接受我们的建议”。② 要以诚恳、热情、平等的态度对待农民群众，要有甘当“小学生”的精神，语言要生动形象，讲道理要深入浅出，切忌官僚主义、命令主义。另外一方面，要充分发挥大众传媒的吸引力、感染

① 《毛泽东选集》（第3卷），人民出版社1991年版，第900页。

② 《毛泽东选集》（第2卷），人民出版社1991年版，第742页。

力及传播力，让“反恐维稳”和新疆社会治理的现代化诉求渗透到农民群众的生活和骨髓里。

（二）社会控制：新疆社会治理体系和治理能力现代化的主导性基础

任何一个社会都要实行社会控制，因为正常的社会运转不能排除一定阶段和一定层次的离轨行为。对于新疆社会而言，社会控制的目的决定了新疆社会控制的手段是多样的，但新疆社会离轨行为的多样性不是决定新疆社会控制手段多样性的根本原因。决定新疆社会控制多样性的基础是社会控制对象的本质属性，即新疆社会治理中社会控制对象的复杂性决定了社会控制手段的结构和层次的多样性。

1. 社会控制：规制下的秩序和发展及文化的“软约束”和“内强塑”

社会控制概念来源于生物学，原意是指社会必须控制人的动物本性，限制个体追求私利的倾向。“从19世纪的孔德对社会秩序混乱感到的恐惧到迪尔凯姆的社会‘失范’与整合，再到当代美国的帕森斯及其追随者罗伯特·金·默顿以维持社会稳定作为自己理论目标所进行的结构功能分析，无一例外将社会控制的眼光更多地局限于维护社会稳定。”[①] 追究起来，这一概念是由美国社会学家罗斯在1869年首次提出的，他是从考察社会秩序入手提出社会控制的。认为，在人的天性中存在一种“自然秩序”，包括同情心、互助感和正义感三个组成部分，它使社会成员相互同情、相互帮助、相互约束，彼此和睦相处、相安无事，处于自然有序状态，“亦即一个没有人工设计和作用的秩序”。[②] 但当人类社会越来越复杂和多元化的时候，社会关系逐渐变得客观化和非个人化的时候，单纯依靠情感归属来加以维持的“自然秩序”暴露出极大的局限性。由此，他得出：“社会进步的标志，是以稳定的不受人的情感影响的关系逐渐取代无常的私人关系，”[③] 维持这种关系的机制就是社会控制。不仅如此，社会控制关心的是社会与个人的关系，“社会机器经常阻止和改变个体的活动，这种阻止或改变的运行越是平衡，越是说明社会秩序完备。所以，成功

① 何怀远、田佑中：《社会哲学视野中的社会控制——兼就“社会系统的自在控制”问题与杨桂华先生商榷》，《哲学研究》2000年第12期。

② ［美］爱德华·罗斯：《社会控制》，秦智勇等译，华夏出版社1989年版，第32页。

③ 同上书，第9页。

的协作意味着高级的社会秩序”。[①] 而社会“秩序问题的解决只有通过规范的控制才能实现”。[②] 也即是说社会控制是“通过社会力量使人们遵从社会规范，维持社会秩序的过程”，它“既指整个社会或社会中的群体、组织对其成员行为指导、约束或制裁，也指社会成员间的相互影响、相互监督、相互批评”。[③]

“与他们不同的是，邓小平的社会控制思想则是一种典型的发展性控制：他的社会控制思想的核心要素是社会发展目标，并使全社会始终围绕确定的社会发展目标整合社会发展动力与秩序要素。”[④] 也即是说，社会控制的目的不仅是造就社会秩序和确保社会稳定，更有保障经济发展的双重意义。不仅如此，按照周勇的说法：“社会控制虽然是控制手段与目的探讨，但任何社会控制都是依赖于社会控制背后的文化。社会控制的根本问题在

① ［美］爱德华·罗斯：《社会控制》，秦智勇等译，华夏出版社 1989 年版，第 1 页。

② ［美］杰弗里·亚历山大：《社会学二十讲》，贾春增主译，华夏出版社 2000 年版，第 23 页。

③ 费孝通主编：《社会学概论》，天津人民出版社 1984 年版，第 181 页。

④ 周勇：《社会控制文化论略》，《湖南师范大学学报（社会科学版）》2014 年第 5 期。

于人们倡导或反对什么样的社会文化，这才是社会控制与社会秩序得以良性发展或有效维持的根本原因。”① 而“所谓社会控制文化乃是强调社会控制中文化对人的情感、思想、观念、价值认知等产生的潜移默化地影响，从而约束、规范人的行为以实现统治意志的一种社会管理模式。……从本质上而言，社会控制就是一种文化控制”。② 并且，具体到新疆社会而言，这种实现文化控制的社会控制不同于费孝通先生在谈中国社会的乡土性时所说：“在一个熟悉的社会中，我们会得到从心所欲而不逾矩的自由。”③ 因为，新疆社会在实行社会控制时所采用的手段都不是单一的，而是多样的。它是由新疆社会控制的目的、社会离轨行为的复杂、各种社会控制手段特点和不同作用，以及各种社会控制手段的互补性决定的。只有充分利用各种社会控制手段，发挥各种社会控制手段的互补和综合作用，才能实现新疆社会控制的根本目标，促进新疆社会的文明和稳定。在新疆，实行社会控制当然要惩罚和制裁那些违法乱纪者，但更重要的

① 周勇：《社会控制文化论略》，《湖南师范大学学报（社会科学版）》2014 年第 5 期。

② 同上。

③ 费孝通：《乡土中国》，上海三联书店 1985 年版，第 5 页。

任务是对新疆社会的相关成员进行“软约束”和“内强塑”，使他们明了新疆社会的各种规范，懂得为什么要遵守、怎样去遵守新疆社会的规范，以及怎样与背离新疆社会规范的行为作斗争，以维持新疆社会的正常秩序。只有新疆的广大社会成员接受这些规范，由文化的自发过渡到文化的自觉，内化到自己的思想意识中，从而自觉地遵守这些规范，“内强塑”为伦理性的所指，新疆的社会控制才是有力的、有效的。

2. 社会控制的国家本质

诚然，马克思和恩格斯在不同场合都曾提到“国家是阶级压迫的工具”。例如：“国家政权一直是一种维护秩序、即维护现存社会秩序从而也就是维护占有者阶级对生产者阶级的压迫和剥削的权力”；① “国家无非是一个阶级镇压另一个阶级的机器，而且在这一点上民主共和国并不亚于君主国”；② “国家在一切典型的时期毫无例外地都是统治阶级的国家，并且在一切场合在本质上

① 《马克思恩格斯选集》（第3卷），人民出版社1995年版，第118页。

② 同上书，第13页。

都是镇压被压迫被剥削阶级的机器”；[1]“政治权力，是一个阶级用以压迫另一个阶级的有组织的暴力”[2]等。列宁系统地发挥马克思国家理论的这种解读模式，曾指出：“国家是维护一个阶级对另一个阶级的统治的机器”；[3]“国家是阶级统治的机关，是一个阶级压迫另一个阶级的机关”[4]等。学者吴英在《对马克思国家理论的再解读》一文中认为：将马克思国家理论简单地解读为阶级压迫的工具存在以下疑难：一是经典作家文本支持上的疑难，二是理论观点上的疑难，即与唯物史观的完整解释体系相矛盾，三是实践检验上的疑难，四是逻辑判断形式上的疑难。并且，由此得出：“国家是阶级压迫的工具”的解读并未把握住马克思国家理论的真谛。作者认为：国家是因履行公共职能的需要而产生，国家的产生与其本质具有二重性。并且，作者在文章中论述了公共职能的历史演进，最后总结了“国家的中国特

① 《马克思恩格斯选集》（第4卷），人民出版社1995年版，第176页。

② 《马克思恩格斯选集》（第1卷），人民出版社1995年版，第294页。

③ 《列宁选集》（第4卷），人民出版社1995年版，第31页。

④ 《列宁选集》（第3卷），人民出版社1995年版，第114页。

色”并得出结论：“社会主义制度的基本建立，意味着国家作为阶级压迫工具的职能已不复存在，因而它的国家建构也独具中国特色。这一具有本国特色的国家政权，首要的是服务于广大人民群众的根本利益需求，而同时只对少数国内外敌对力量实行其专政职能。”① 并且，这种专政的职能赋予了工人阶级领导的、以工农联盟为基础的人民民主专政的社会主义国家对少数国内外敌对势力实行严打专项行动的正当性。进而，这种严打专项行动不仅是一个“出场”问题，更是一个久久为功的“在场”问题。因为，“第一，国家之所以能够存在，从根本上讲，是由于社会还是一个自在性领域，社会还不能完全自行控制整个社会的运行过程。社会各阶层的物质利益尚未统一，社会经济发展的宏观环节只能交由国家调控。国家及其对社会的干预作用将在一个相当长的时期内一直存在着。第二，由于社会仍然是一个特殊性领域，社会的普遍利益还不能由社会自觉地加以维护，因此，必须交由国家来处理。国家仍然是社会普遍利益的

① 吴英：《对马克思国家理论的再解读》，《史学理论研究》2009 年第 3 期。

代表”。[1]

3. **严打行动的正当性：社会控制的国家出场与在场**

人类既是历史的“剧作者”，又是“剧中人”，而社会正是由这些“剧作者”或者“剧中人”所构成。任平教授在其文章中曾论述道：“‘出场’一词源于舞台表演艺术。在哲学阐释的语义分析中，‘出’是摆脱被遮蔽状态而‘进入’某一特定场域中的行动；‘场’也不是一个通常剧院的台场，而是人类历史的宏大舞台。‘出场’也因此而成为人类亲临历史舞台的现身行动。”[2] “出场”不等于“在场”，不是一种既成的“在场”状态。“出场”是对“缺场”的否定，是对“空场”的扬弃，是一种“未在场者”向“在场者”身份转变的谋划，是一种“不在场”状态向“在场”状态的转变，是在特定历史场域中的“亲临”和“现身”。在现阶段的新疆“在场”境域中，社会控制是社会和个人的稳定平衡器，是铸造新疆社会公平正义的桥梁和必要手段，并且由此决定了社会控制的国家时时、事事“出场”和“在场”。犯罪是最典型的离轨行为，

---

① 荣剑：《马克思的国家和社会理论》，《中国社会科学》2001 年第 3 期。

② 任平：《论马克思主义“出场学”的两个循环》，《学术月刊》2008 年第 9 期。

由于这种行为触犯法律，侵害他人，具有社会的危害性，必须受到法律的制裁。在新疆，反对暴力恐怖、民族分裂和宗教极端犯罪的斗争事关国家安全，事关人民群众的切身利益，事关改革发展稳定的全局，它是一场维护祖国统一、社会安定、人民幸福的斗争。这场斗争不仅是个人的生存利益“在场之争”，更是整个新疆社会整体和谐发展的“出场必争”。这就为社会控制的国家时刻“出场”和“在场”提供了“出场语境”，也为新疆严打专项行动的“出场”和“在场”提供了合法的“在场语境”。在新疆，种种迹象和线索表明，当前搞破坏活动的主要有三种人：一是披着宗教外衣进行民族分裂破坏活动的一小撮反动塔里甫。二是在社会上有劣迹行为、不思悔改的少数坏人，他们寻衅闹事，横行乡里，欺压百姓，易被利用。对他们的破坏性、危险性不可低估，必须控制。对这些人要采取又拉又打的斗争方法，要加强教育，给他们指出一条出路，但如果执迷不悟，那绝不客气，要坚决打击。三是对那些顽固不化的老牌民族分裂主义分子也要提防，他们往往策划于密室，煽阴风、点鬼火，挑动青少年往前冲，对其活动要密切注视，一旦露出尾巴就要狠狠敲打。由此，也就不难理解为什么必须标本兼治做好各项工作，深化严打主动进攻和“六项重点工作”[①]，盯紧“七类重点人员”[②]，突出“四个持续用力”[③]，对准“三类人员”[④]，突出治理重点，坚决防范和严厉打击暴恐活动。由此能够明确，新疆离轨行为的多样性决定了社会控制手段的多样性。并且，从这个意义上来说，新疆社会控制的手段多样，制约着新疆社会控制的国家，几乎无处不“出场”和“在场”。对新疆的政法部门而言，必须完全处于党的绝对领导之下，不能脱离党的领导而片面强调司法独立。对危及新疆和国家安全的案件必须坚持依法从重从快的原则，把敌人的猖狂气焰坚决打下去。而对于新疆社会的各级党政而言，要

---

① “六项重点工作”：打早打小打苗头、盯人盯案盯线索；揭盖子、挖幕后；以深挖促严打；下功夫抓好教育转化；打好反恐人民战争；依法严打、精准打击。

② “七类重点人员”：具有现实危害的涉恐人员和涉宗教极端人员；网上传播暴恐音视频、宣传煽动“圣战”等宗教极端思想的违法犯罪人员；多次参与危安暴恐活动，因犯罪行为轻微没有处理且未悔改的人员；参与暴恐团伙和宗教极端团伙的成员；宗教极端代表人物的传承人员及与其有传承关系的人员，或者宗教教职人员、非宗教教职人员中宣传宗教极端、暴力恐怖思想、有现实危害的人员；与境外分裂、恐怖组织或者其他机构、人员勾连，提供资助、情报信息的人员；有异常活动的“7·5”事件分流解脱人员。

③ “四个持续用力”：深化严打持续用力、教育转化持续用力、“拔钉子、揭盖子”持续用力、培育发现能力持续用力。

④ “三类人员”：持有和散布宗教极端思想的宗教人士、野阿訇，村霸、家族黑恶势力和宗教极端黑恶势力。

加强监控措施，严密控制社会局面，防范制度要严实，防范措施要有力，各项制度和措施都要扎扎实实地落到实处，不给敌人留下任何活动的空间，从而使民族分裂主义分子无处落脚，无处藏身。

（三）社会动员与社会控制的互动实践：社会基础重构、“一反两讲”和基层组织重构

“社会基础”① 理论是一个研究中国农村问题的全新的、有力的理论工具和分析框架，是理解中国农村现代化实现途径的重要概念。而中国农村现代化的范畴决定了少数民族地区的农村现代化同样属于社会基础重构的对象。其基本含义可界定为：“在一定的历史阶段上，存在着由于各种因素所促成的发生于农民之间、农民与各种社会阶层之间以及农民与国家之间特定的联接关系，由于这种联接关系而形成某种制度化了的关系模式，农民个体的行动和农民的一致行动都直接决定于这种关系模式；同时，因某种联接方式而具有一致行动能力的农民，与国家、市场之间的互动方式和结构必然呈现出在

① 王立胜：《中国农村现代化社会基础研究》，人民出版社 2009 年版，第 15 页。

其他联接方式条件下极为不同的面貌。任何政治和经济制度的建立、稳固与延续都必须一方面适应和协调这种关系模式，另一方面又要想方设法地调整和改造这种联接方式以使特定的社会理想和制度设计得以实现。在这个意义上，农民之间的联接方式和联接关系成为决定中国农村现代化方向和形态的社会基础。”[①] 在这个意义上，“社会基础之再造或者重构”的含义在于“针对当前的社会理想、国家目标或现代化导向，有目的、有意识地对农民之间的联接关系以及由此形成的农民与国家、市场之间的关系结构进行调整和改造，使得二者之间能够有高度的契合，能够实现顺利的对接”。[②] 因此。使用社会基础概念，“可以从微观层面上对农民在一定范围内形成一致行为能力的方式进行探讨，在中观层面上对县域内的农民与基层政权之间的互动关系进行考察，在宏观层面上为解决农民与市场化目标的相对接，与现代化的目标相对接，与全球化的时代潮流相对接的重大问题

① 王立胜：《中国农村现代化社会基础研究》，人民出版社 2009 年版，第 16 页。

② 王立胜：《毛泽东“组织起来”思想与中国农村现代化社会基础之再造》，《现代哲学》2006 年第 12 期。

找出新的突破口”。①

1. 社会基础重构：“访惠聚”大行动的嵌入和“分层解构模型”②

社会基础重构可以借助多种方法来实现，而新疆之所以选择社会动员的方法，是因为后发地区的现代化进程往往需要“强政府”来承担组织动员的角色。推演下去，后发省份现代化则更需要“强政府”采用社会动员的方式实现社会基础重构。在新疆这样超大社会复杂系统里进行超大规模的社会变迁——治理体系和治理能力现代化，决定了需要采用社会动员的方式——“访惠聚”③ 大行动。在最短的时间内动员最广泛的社会力量，最有效的贯彻和执行党的政策，从而实现农民与国家、农民与市场之间的联接方式和联接关系的高度契合，最终实现社会基础重构的目的。它一方面是目标指向明确的社会动员，另一方面又是冲破“无知之幕”的社会控制。对于新疆底层社会的民众而言，“访惠聚”一改无

① 王立胜：《中国农村现代化：思路与出路》，人民出版社 2009 年版，第 17 页。

② “分层解构模型”：是一种宽容的内部渐进式变革模式。它包括分层解构原理和相应的功能互补原理。（注：任平：《当代视野中的马克思》，江苏人民出版社 2008 年版，第 528—529 页）

③ “访惠聚”：访民情、惠民生、聚民心。

可触摸的“统一、宏大”叙事体系，二改“杂音乱解”的所谓西式“族性政治”，三改基于“空中逻辑”和所谓“话语权威”的“大写的人”，从而将新疆底层断裂社会的碎片和真空在错位式发展的“历史间距”中实现差异化“底层话语”和同一性政治的完美结合，彻底地否决亨廷顿所指认的：“伊斯兰有一条血淋淋的边界”，[①]实现新疆，特别是南疆底层社会的“分层解构”。具体而言：

“访惠聚”大行动，坚持“三位一体”、[②]“四位一体”，[③]为基层注入了新鲜血液，一种嵌入式的新型结构：农民—工作组—农民，得以在底层社会中有效地运转，使“乡下人”与“城里人”有了近距离的交往，城市文化与乡村文明在两个群体间产生了不同的影响。建立的“两好机制”，[④]调动了基层干部群众的工作积极性，一种以“国家需要为己任”的社会价值取向逐渐形成，“到农村去”、“到基层去”逐渐成为新疆党政干部

① 转引自任平《当代视野中的马克思》，江苏人民出版社2008年版，第414页。

② “三位一体”：坚持村党支部、住村工作组和村警务室。

③ “四位一体”：村党支部、住村工作组、村警务室、武工队。

④ “两好机制”：好人让基层干部当、好事让基层组织办的机制。

的共识。实施的“四个共同”[①]，一种以“工作组”为主体的新生力量出现在基层社会，增厚了原有的社会基础，增强了基层干部群众的理论认识水平和实践能力，带去了做群众工作的有效方法。开展的“六项工作任务”[②]，影响、改变了基层社会成员的态度、价值观和期望，形成一定的思想共识，引导、发动和组织社会成员积极参与社会实践，将中央和自治区的目标任务或者现代化导向，有目的、有意识地对农民之间的联接关系以及由此形成的农民与国家、市场之间的关系结构进行调整和改造，使得二者之间能够采取一致性的所指，能够实现顺利的对接，从而完成中央和自治区所要求的社会目标。突出做好的“三项重点工作”[③]，实现了群众和基层组织的良性互动，为深入推进“去极端化”工程在基层落地生根，瓦解社会的、经济的和心理的旧的束缚，使人们渐渐适应在新方式的社会化和行为的过程中，促成农民

① “四个共同”：共同学政策、学理论、学文化（双语），共同研究、谋划、部署工作，共同访民情、解民忧、惠民生，共同承担加快经济发展、促进宗教和谐、维护社会稳定的责任。

② “六项工作任务”：转变干部作风、加强民族团结、促进宗教和谐、保障改善民生、维护社会稳定、强化基层基础。

③ “三项重点工作”：群众工作、加强基层组织、推进“去极端化”。

之间、农民与各种社会阶层之间以及农民与国家之间特定的联接关系一步到位，打牢了长治久安的群众基础。它既是社会动员的有效方式，又是社会控制的有效堡垒。实践证明，“‘访惠聚’活动是历练干部的‘磨刀石’，基层是干部成长的广阔天地，优秀干部都是在基层的实践中摔打锻炼成长起来的”。①

2. **“一反两讲”②：既是社会动员的程序性能指，又是社会控制的合法性指引**

暴力是与和平相对应的，反暴力就是要和平、要稳定，不要人心惶惶和恐怖，更不要“内地人”的“谈疆色变”和“望而却步”，这是新疆社会控制合法性指引的“出场”语境，也是新疆社会动员程序的“不可或缺”。但是，值得警惕的是最近几年在新疆参与暴力活动的恐怖分子越来越具有年轻化的倾向。并且，造成这种倾向的原因不仅是青年具有易煽动的不成熟心智，更是整个社会联系的结构和环境是否“紧凑”和“澄明”。赫希在其所著的《少年犯罪原因》一书中认为：

① 新疆维吾尔自治区党委：“自治区召开‘访民情惠民生聚民心’活动表彰动员大会”，天山网：张春贤活动报道，http：//news. ts. cn/content/2015 -01/15/content_ 10924109. htm，2015 年1 月15 日。

② “一反两讲”：反暴力、讲法治、讲秩序。

"任何人都是潜在的犯罪人，个人与社会的联系可以阻止个人进行违反社会准则的越轨与犯罪行为，当这种联系薄弱时，个人就会无约束地随意进行犯罪行为，因此，犯罪就是个人与社会的联系薄弱或受到削弱的结果。"[①] 也即是说，当个人与社会的联系薄弱或者破裂时，就会产生少年犯罪行为的可能性。可见，反暴力的社会基础是加强社会，特别是个人与社会整体之间的联系，而不是就反暴力而反暴力。同时，这种个人与社会整体之间的联系需要规则，遵守规则将意味着讲法治和讲秩序的所指。同时，讲法治蕴意着规则，而规则内涵着讲秩序。

法治是与人治相对应的。中国历史所证实的"其中一条基本的规律就是什么时候重视法治在国家治理中的作用，什么时候就可能出现'盛世'；什么时候忽视了法治，国家治理能力就会下降，甚至丧失殆尽"。[②] 对于新疆社会，讲法治不仅局限于党政层面的依宪治疆和依法执政，还要延伸到公民层面的法治生活和法治思维。

① 吴宗宪：《赫希社会控制理论述评》，《预防青少年犯罪研究》2013年第6期。

② 莫纪宏：《论"国家治理体系和治理能力现代化"的"法治精神"》，《新疆师范大学学报（哲学社会科学版）》2014年6月。

但是，对于新疆社会，特别是宗教氛围浓厚的南疆而言，讲法治无论对于党政，还是对于公民，可以明确地说，还处于“法治”启蒙的阶段，这是新疆社会控制合法指引的“在场”导向，也是新疆社会动员的程序性“底板”。法治包含形式意义的法治和实质意义的法治。形式意义的法治体现为法治的价值、原则和精神，而实质意义的法治必须通过法律的形式化制度和运行机制予以实现，两者均不可或缺、相互统一。新疆党政层面上的法治是一种治疆的方略、社会调控方式，是实质意义上的法治。通过这种方式，法律制度得以宣传，法律程序得以操作运行。新疆公民层面上的法治是一种生活理念和认知思维，是形式意义上的法治。通过这种方式，法治的价值、原则和精神得以融入公民的“血液”和日常生活习惯中。也即是说，无论是党政，还是公民，都要在法律的框架和话语下进行磨合和互动，单纯的一方提倡或者“一厢情愿”只是徒劳。

秩序是与“无序”相对立的。秩序意味着规矩，意味着差异的同一，更意味着约束性的个体自由和话语择取。而在生活中，规矩意味着“有大有小”和“有前有后”。讲秩序，就是要有条理地、有组织地安排各构成部分以求达到正常的运转或良好的外观状态。并且这种讲秩序对于新疆社会而言不仅是行为取向意义上的讲秩序，更是心理层面“内化伦理”的讲秩序，这是新疆社会控制合法性指引的“出场”归宿，也是新疆社会动员程序性“型塑”的“内在觉知”。在新疆社会，讲秩序不是讲“宗教秩序”，也不是费孝通的“随心所欲不逾矩”和“无法而法”的状态。毕竟，基于特定地域和宗教文化侵染的“随心所欲”和“无法而法”在现阶段的新疆太容易演变成不是世俗世界所理解的“不逾矩”和“法”了。这就使得新疆的讲秩序要在“就地化”的所指中在不违反法律的前提下讲各单位、各部门及世俗生活的社会秩序。而世俗生活的社会秩序是由社会规则所建构和维系的，是人们在长期的社会交往过程中所形成的相对稳定的关系模式、结构和状态。并且这种世俗生活的秩序存在着某种程度的一致性、连续性和确定性，是与他人内外和谐及友好相处相适应的，不是基于自我心理图式的“幻想性”和“排他性”以及走向极端的“毁灭性”。

3. 基础组织重构的“结构性驱使”：既是社会控制的底层制度根基，又是社会动员的必要载体

在《现代汉语词典》中，“根基”主要有两个含义：

"一是基础；二是家底"。[①] 新疆的大开放、大发展，一方面给新疆经济社会的发展带来了"美"，另外一方面也不可避免地在整个中国社会转型升级的"在场"情境下，给新疆带来了底层社会的断裂和真空。这种断裂不仅在就业的选择和行为规范上不能与援疆企业的用人需求相适应，还表现在断裂社会的底层真空极易被"三股势力"所侵蚀和利用。所以，嵌入底层制度根基的社会控制和社会动员一方面是合法性的"出场"，另外一方面是有效性的"在场"。而它的出场语境之一就是为了实现基础组织的重构。并且这种基础组织的重构主要是从制度的形成过程和制度的配置方面进行制度的耦合，而不是制度的冲突和不可调适。诺斯有言："制度是一个社会的博弈规则，它们是一些人为设计的，形塑人们互动关系的约束。"[②] 制度的形成，特别是新疆底层制度作为政治生活较为固定的安排，实际上是不同社会力量互动的结果。它是在新疆各种社会力量的相互作用和歧见中，从逐渐发展起来的解决这些歧见的程序和组织环节

① 中国社会科学院语言研究所词典编辑室：《现代汉语词典（第五版）》，商务印书馆 2005 年版，第 464 页。

② ［美］道格拉斯·诺斯：《制度、制度变迁与经济绩效》，杭行译，上海三联书店、上海人民出版社 1994 年版，第 3 页。

中脱颖而出的新疆底层社会“变迁”。在此，它不仅是显性的，更是潜在的、不易察觉的隐性制度架构，并且这种“隐性制度架构的规约与基础秩序的束缚，使得个人的‘认同’与其说是‘自主性建构’不如说是‘结构下驱使’”。[①] 例如，新疆的“访惠聚”活动不仅是党的群众路线教育实践活动的重要实践形式，其实施的“一强双带四作用”[②]，更是基层共同体内的新生意志和新生力量，这些新生力量增添了基层社会力量的多样化，使基层社会力量之间日趋频繁地相互作用，从而打破基层社会原有的均衡，构成新疆底层社会制度变迁的内因。

不仅如此，依据耗散结构理论，一方面，基层组织的制度体系需要彼此互动、相互协调以形成一种自组织机制；另外一方面，开放是耗散结构得以形成、维护和发展的首要条件，通过开放，从外界引入负熵流，抵消内部熵增加，才能使系统完成从低级有序向高级有序的转变。例如，“访惠聚”所实行的村两委、警务室、工

① 金太军、姚虎：《国家认同：全球化视野下的结构性分析》，《中国社会科学》2014 年第 6 期。

② “一强双带四作用”：建强乡村党组织，以党建带团建、带妇建，发挥好乡镇（街道）党（工）委龙头带动作用、村（社区）党组织战斗堡垒作用、党员干部先锋模范作用和“四老”人员传帮带作用。

作组“三位一体”工作机制，把党中央和自治区党委关于反恐维稳、民族团结、宗教和谐、改善民生等部署“一揽子”落实到位、“一竿子”贯彻到底，消除了地方本位利益思想的作祟，促进了人力资源、管理经验的流动，加强了内和外、城市和农村之间的有效联接。同时，“访惠聚”不仅是基层组织与乡镇联接，更是基层组织与县市联接，甚至是基层组织与地委行署和自治区党委政府实现了有效联接，这种相对于以往基层组织的要素整合，打破了“线性”的机制，加强了“非线性”的积聚，促进了各子系统功能的互补与融合，从而确保了“四知四清四掌握”①。而在这一过程中，新疆党政通过严打专项行动和“一反两讲”，促使新疆基层组织通过要素整合而使新疆社会系统达到耗能最少、绩效最高的状态，增强了新疆社会系统的自我修复和自我完善功能，提高了新疆社会应对复杂环境的适应能力。当然，必须

① “四知四清四掌握”：“四知”：知辖区住户的每个家庭成员基本情况及其社会关系、知每个家庭经济状况、知每个家庭成员的政治表现、知每个家庭成员遵纪守法情况。“四清”：辖区就业情况清、重点人员情况清、流动人口情况清、贫困群体情况清。“四掌握”：掌握辖区基本情况及社情动态、掌握辖区宗教活动情况、掌握辖区居民的热点难点问题、掌握辖区各类积极分子情况。

强调的是，在新疆基层组织的重构过程中，无论何种制度变迁，都不能以牺牲国家利益为代价，都要实现发展经济和维稳的相互协调。归结起来，就新疆社会底层制度的有效性而言，一种好的制度应该是：依法实施的制度，有效促进经济发展的制度，有效促进信任合作的制度，有效促进公民德性发展的制度，从而实现新疆基层适应性、复杂性、自主性和内聚力相统一的制度。最终，才能使新疆，特别是南疆“筑巢引凤”，促进新疆社会系统内外要素的顺畅流动，提高区域竞争力，实现社会稳定和长治久安。

三　建构“四位一体”的社会治理机制

在探讨新疆社会治理机制之前，首先必须弄清机制的概念。“机制，则是指某一事物、现象及与其相关的基本准则、相应制度及决定其行为的各种内外因素、相互关系的总称。机制中应该有制度的因素，而制度则不包含机制的内容。制度是静态的，机制是动态的，制度通过机制显示功能，机制因为有制度的内容存在而发生作用。……制度是静态的结构因素，机制是动态的有机联结，二者的有机结合共同发挥作用。”① 也就是说，社会动员和社会控制的基本运作机制必然是动态的有机联结，这种动态的有机联结，一方面是实践的、互动的过程，另外一方面是逻辑前提、关键环节、有效途径和关键因素的“四位一体”的立体化整体性的实践过程。而“四位一体”的立体化整体实践分别是，一个根本政治前提：坚持中国共产党的领导，积极主动地全面贯彻中国共产党的民族政策；一个关键环节：处理好国家认同与族群认同的关系；一条有效

① 齐卫平、朱联平：《构建党的执政能力运作机制刍议》，《理论导刊》2006 年第 2 期。

路径：大力推进民族之间的交往交流交融；一个决定因素：干部队伍建设。评价这“四位一体”立体化整体性实践工作成效的标准是：“有利于坚持和发展中国特色社会主义，有利于促进民族交往交流交融，有利于引导宗教同社会主义社会相适应，有利于推进新疆和内地融合发展，有利于把各族群众团结在党和政府周围。”①

（一）政治前提：坚持中国共产党的“强势”和“强有力”领导，积极主动地全面贯彻中国共产党的民族政策

新疆社会治理之所以要坚持中国共产党的领导，除了由中国共产党的历史、地位、性质和宗旨这些共性所决定以外，还体现出新疆社会的特殊性必须要坚持中国共产党的领导，而且是“强势”和“强有力”的领导。在这里，须知古代中国历史上的中央权威衰落是分裂主义产生的政治前提。“内陆、沿海省份”的底层社会民众虽然也有不满和牢骚，但他们愿意在合理的框架和合法的程序下进行

① 新疆维吾尔自治区党委：“自治区党委八届七次全委（扩大）会议”，天山网：大新疆，http：//xj. ts. cn/2014 – 06/20/content_ 9880169. htm，2014 年 6 月 20 日。

参政议政，并且他们对于中国共产党的领导是在维护祖国统一和希望祖国强大的美好意愿下提出政治建议的。而新疆则不同，一些民族分裂、宗教极端和暴力恐怖分子以及“口是心非”的“两面人”和所谓的“民族精英”是为了煽动、蛊惑底层社会民众，混淆视听，进行“造反”和分裂祖国，并且疆内还有很肥沃的“土壤”。一个在新疆底层社会非常广泛和现实的例子：“一些维吾尔族有地方民族主义，总把自己当作新疆的主人，排斥汉族人。小李（30 岁，男，汉族）所说：在日常生活中，汉维两个民族发生纠纷，维吾尔族人会用（滚回你的内地去）这句话来骂汉族人。”① 也即是说，一个社会的大部分民众是在底层、是在民间，不在官方，这是一个社会是否稳定的基石，当一个社会底层的两大部分民众，一部分总是认为另一部分不应该待在新疆时，会产生什么后果呢？我们对此从区域的角度论述过“区域民族认同”② 问题，我们认

① 茹仙古丽·玉素甫：《新时期新疆汉维民族关系研究》，硕士学位论文，新疆师范大学法经学院，2013 年，第 30 页。

② “区域民族认同”：通常是指在感性认识上主观地认定某一个区域等同于某一个民族的心理错觉和极端的“理所当然”。实质上，某一个区域不等于某一个民族，某一个民族也不等于某一个区域。（注：杜武征：《关于对区域民族认同的新探索》，《喀什师范学院学报》，2014 年 1 月。）

为："只要有一个导火索，7·5事件的重演不是没有可能！"这不是危言耸听，这是新疆底层社会的现实。时至今日的新疆维汉关系，"从信任度来看，双方大多能够信任对方。从汉维社会交往来看，在汉维杂居区汉维交往比较频繁，当遇到困难时能够相互帮助，但很难融入对方的深层交际网络中"。[①] 也就是在心理认知最深处的"内在"认同方面还是存在问题的。再加上长期以来，国内外反华势力利用新疆的民族、宗教问题，不择手段、不顾公理地在中国各民族之间进行煽动、挑拨、离间，其目的就是在中国"少数民族里找好机会，分裂他们的地区，分裂他们的民族，分裂他们的感情，在他们之间制造新仇旧恨"。[②]

所以，新疆社会的治理必须要坚持中国共产党的"强势"和"强有力"领导，必须要积极主动地全面贯彻中国共产党的民族政策。坚持和完善民族平等、民族团结、各民族共同繁荣的处理民族关系的基本原则；

① 茹仙古丽·玉素甫：《新时期新疆汉维民族关系研究》，硕士学位论文，新疆师范大学法经学院，2013年，第31页。

② "美国中央情报局对华《十条戒律》"，天涯社区论坛：国际观察，http://bbs.tianya.cn/post-worldlook-961577-1.shtml，2013年12月17日。

坚持和完善民族区域自治制度和宗教信仰自由政策；坚持和完善法律法规，为我国社会主义民族关系提供法律保障。牢牢把握各民族共同团结奋斗、共同繁荣发展的主题，深入开展民族团结进步教育，加快民族地区发展，保障少数民族合法权益，促进各民族和睦相处、和衷共济、和谐发展。同时，要加大出台吸引汉族人的政策和力度。一个汉族人，当他第一次踏进新疆这片土地时，他潜意识里面的初始感觉和第一印象是："这里和家乡不一样，但这里是中国。"所以，只要汉族人愿意来新疆，愿意来南疆，就应该提供帮助予以接纳。这样，才能形成交往交流交融的社会基础和基本条件。但是，自"昆明3·01"事件以后，新疆人在内地行动要接受严格的审查，甚至一些住宿场所拒绝新疆人入住，只要是新疆的户籍身份，在内地的行动就会遇到很多麻烦，这伤的是谁的心呢？在背后偷笑的又是谁呢？那些民族分裂主义者们策划实施暴力恐怖活动的根本目的就是妄图通过这种手段，破坏民族团结，最终以达到分裂祖国的目的。我们如果这样做，伤害了新疆人的感情，不正是中了这些人的下怀吗？目前的情况是，不仅新疆的少数民族在内地存在一些行动不便的问题，即使是新疆的汉族人也遇到了同样的情况。正如我们调研期间所耳闻目睹的："我们的祖辈为了响应祖国的号召，吃了那么多的苦，三代人扎根在新疆，但我们现在回去就是因为我们身份证上的户籍是新疆就歧视和排斥我们，我们里外不是人，在这里不是人，国家对他们比我们好，他们还要随时砍我们，我们和小孩白天走在维族人多的大街上不时地要前后左右看，一点安全感都没有，回内地也不是人，不把我们当正常的汉族人看待。"如果容忍这种情况继续下去，苦的和哭的是新疆底层社会的老百姓，笑的是敌对国家和待在国外的敌对势力。所以，新疆的社会治理还必须实现新疆内外的互动才行。新疆的稳定和发展关系全国大局，新疆安全稳定的重要性具有全局的意义，必须引起全国范围的高度重视。新疆的发展和稳定还必须充分发挥新疆生产建设兵团的作用。"兵团要围绕社会稳定和长治久安的着眼点和着力点，发挥好维稳戍边的特殊作用。要在事关根本、基础、长远的问题上发力，切实履行维护祖国统一、维护民族团结、维护新疆稳定的职责。""牢牢保持平常心态、战略定力，进一步明确兵团的功能定位，聚焦维稳成边这个关键，在‘四个作用’[①]上着力，在‘三大目标’[②]上下工夫。”“要适应新形势新要求，着力深化兵地融合发展，全面贯彻落实中央关于深化兵地融合的部署要求，建立兵地各级联席会议制度和战略规划实施协调机制，深入推进兵地经济、文化、社会、干部人才、维稳等方面的融合，努力形成融合发展的良好局面。”“要在丝绸之路经济带核心区建设中，在加快新型工业化、新型城镇化、农业现代化、信息化以及基础设施现代化建设中，在保障和改善民生中，在可持续发展中，在全面深化改革中深化兵地融合。”[③]

（二）关键环节：国家认同与族群认同的现实层面是“二律背反”还是“高度契合”

族群（Ethnic group 或 Ethnicity）是指人类历史以来区分我族及“他者”的分类方式之一。族群的含义在20

---

① “四个作用”：发挥调节社会结构、推动文化交流、促进区域协调、优化人口资源的作用。

② “三大目标”：实现稳定器、大熔炉、示范区。

③ 新疆维吾尔自治区党委：“兵团要发挥维稳戍边的特殊作用”，中国新闻网：国内新网，http：//www. chinanews. com/gn/2014/07－12/6379332. shtml，2014年7月12日。

世纪以后，从原来以少数民族或少数族裔的意思转变到以文化特征相区分，通常是指因历史及时空环境，基于历史、文化、语言、地域、宗教、血缘祖先认同、行为、生物、外貌等特征而形成“一群”与其他有所区别的群体。这些区别我者和他者的族群特质一般由“客观”（如地缘环境和出生成长背景等）及“主观”（如认知和感情成分等）所决定和承载。族群在民族学中通常是指地理上靠近、语言上相近、血统同源、文化同源的一些民族的集合体，也称族团。按居住地对族群分类：如海外华人、湖南人、台湾人、北京人等。按宗教信仰对族群分类，如穆斯林（指信仰伊斯兰教的信众）、基督教信众、佛教信众等。一个民族通常包含多个族群。无论是族群，还是民族，通常都会牵涉“认同”问题。“认同”对于个体而言是在追问“我是谁”？对于集体而言，是在追问“我们是谁”？“自我意识本身存在之初，就伴随着对‘他者’的分类……一个群体若是不能立即确立与自身相对立的‘他者’，就绝无法确立‘此者’”。[①] 也即是说，认同在进入实践领域之前是一种先天的判断，“认同总是通

① Simone de Beauvoir, *The Second Sex*, Translated and Edited by H. M. Parshley, New York: Bantam Books, 1961, pp. xxii, xxiii.

过制造‘他者’来体现的”,[1] 认同是以他者的存在为参照的。这也是内地民众为什么不会存在“民族认同”问题的原因，但是内地民众通常会把贫穷和富裕以及官方和民间作为“他者”和“此者”之间区别的所在。

有学者将江宜桦在政治学领域内的“认同”观点进行了更加有针对性的表述，认为认同也对应具有三层政治学含义。“第一层含义是身份意义。认同是一个确认身份边界、进行自我归类的过程，人们进行这种认同行为的最根本出发点在于寻求边界内的安全感。第二层含义是情感意义。个体基于身份边界而与有限人群进行接触和日常交往，但在一个规模较大的共同体内，个体显然无法与所有的人进行接触，这个时候，认同一方面起到重要的‘移情(empathize)’[2] 作用……在另一方面，起到关键的规范作用，通过内塑一系列的行为规则和象征，在制度和文化上将本不认识的个体联系起来、按照同样的规范生活和行事……第三层含义是忠诚感。个体一旦接纳了其作为某个集体成员的身份，就可能会进一步形成对这个集体的情感

---

① 范可:《全球化语境下的文化认同与文化自觉》,《世界民族》2008年第2期。

② 在本尼迪克特·安德森（Benedict Anderson）看来，这个“移情”过程就是民族这一“想象的共同体”（Imagined Community）形成的过程。

归属，在行为上则体现为对集体事务的积极参与和献身，包含了集体认同的实践意义。"[①] 这也就不难理解为什么新疆底层社会的民众往往不能理解和接受官方社会的灌输式宣传。因为，作为活生生的现实个人，在他有限的寻求安全的边界内，他是基于他的个人利益和"移情"而做出的价值判断，而且这种"移情"是在确定他的身份和得到他所在的集体规范承认的范畴之内，不是基于民族大义和灌输式的"大道理"而获得的价值认知和判断。这也就出现了基于自身族群认同的安全感和务实感的选择，很难上升到脱离他个人现实生活的感知和虚无缥缈、触摸不到的国家认同。而这一点往往会被别有用心之徒的"亲近感"和极富蛊惑的"天堂感"所利用，从而走向他所认知、理解和能够接受的极端和暴力。所以，国家认同"可以是强加的，但很少如此；更正确地说，认同是皈依的，因为它们呈现的正是人们想要的"。[②] 国家认同的现实操作是让一个族群彻底地融进和融入国家共同体，而不是个人与国家认

① 欧阳景根：《社会主义多民族国家制度性国家认同的实现机制》，《浙江社会科学》2011 年第 5 期。

② ［美］约瑟夫·拉彼德、弗里德里希·克拉托赫维尔主编：《文化和认同：国际关系回归理论》，金烨译，浙江人民出版社 2003 年版，第 43 页。

同直接对话。那么，怎样构建每一个公民的国家认同呢？

1. 认识论层面：树立正确的祖国观、历史观和民族观——热爱祖国、正视历史、承认“他者”

在新疆，热爱祖国是树立正确祖国观的前提。60多年的中华人民共和国建国史，是全国各族人民共同缔造的、统一的多民族国家史。统一的、多民族国家始终是中国历史的基本形态，追求团结统一始终是中国各民族的共有价值理念，更是中国历史的主流。几千年来，在这片辽阔的土地上，中华民族大家庭每一个成员劳动、生息和繁衍，共同开发、开拓了祖国的锦绣河山、广袤疆域。各民族，无论大小，无论强弱，都做出了重要贡献，共同缔造了伟大的祖国，不断增强了中华民族的凝聚力和向心力。这是历史的主流，也是人民大众的主导性立场，不能因为现实层面的触摸不到或者感觉不了而趋向极端，甚至走向反动。

在新疆，正视历史的立场和态度是树立正确历史观的前提。不难设想：“屁股安在敌对势力上的人和不承认中华五千年历史的人会树立正确的历史观。”“回顾新疆的历史，尤其是历代王朝对新疆实施有效治理的过程，尽管由于受到势力强弱等因素的影响，各王朝对包括今新疆在内的西域地区的管辖方式有所不同，但总的发展趋势是中央王朝对新疆的管理不断深化，新疆和内地的联系不断加强，由此新疆成为我国领土不可分割的重要组成部分。”① 不能把中国历史上的王朝更迭产生的局部动荡或者暂时分离无限制地放大，不能把西来的“民族国家”理论套用于中国历史长河的“大一统”主流，更不能拿非马克思的唯心史观和历史虚无主义去审视不可能回到历史起点的“如果”。

在新疆，承认和接纳“他者”是树立正确民族观的前提。多民族是中国的一大特色，也是我国发展的一大有利因素。各民族共同创造了悠久的中国历史、灿烂的中华文化。中国历史演进的这个特点，造就了我国各民族在分布上的交错杂居、文化上的兼收并蓄、经济上的相互依存、情感上的相互亲近，形成了你中有我、我中有你，谁也离不开谁的多元一体格局。“中华民族和各民族的关系，是一个大家庭和家庭成员的关系，各民族的关系，是一个大家庭里不同成员的关系。”②

---

① 马大正：《新疆历史研究中的几个问题》，《西域研究》2006 年第 2 期。

② “中央民族工作会议暨国务院第六次全国民族团结进步表彰大会在京举行”，新华网：高层动态，http：//news. xinhuanet. com/politics/2014 －09/29/c_ 1112683008. htm，2014 年 9 月 29 日。

归结起来，对于新疆社会而言，牢固树立正确的国家观、历史观、民族观，就是要深刻认识和全面把握中国和中华民族的发展大势，始终做到“三个牢记”[①] 和“三个坚持”[②]。“历史观是祖国观、民族观的基础，祖国观、民族观是历史观的直接表现。树立正确的民族观，是树立正确的祖国观的基础。有了正确的祖国观，就能够正确处理民族与国家利益的关系，坚持把国家的根本利益放在民族利益之上，自觉地抵制资产阶级民族主义思潮的影响和渗透。”[③] 要在各族群众中弘扬社会主义核心价值体系和价值观，加强思想政治的教育和引导工作，增强各族群众的“五个认同”[④]。加强基层场地的设施建设、互联网建设和管理，营造昂扬向上的社会氛围。创新载体和方式，完善公共文化服务体系，为群众提供丰富多

---

① “三个牢记”：牢记我国是统一多民族国家的基本国情，牢记中华民族谁也离不开谁的多元一体格局，牢记我国的历史、疆域、文化是各族人民共同创造的。

② “三个坚持”：坚持把热爱本民族同热爱祖国、热爱中华民族、热爱其他兄弟民族紧密结合起来，坚持把维护民族团结和国家统一作为各民族的最高利益、共同利益，坚持把各民族人民的智慧和创造凝聚到实现各民族振兴和中华民族伟大复兴的事业中去。

③ 李宗善：《马克思主义“三观”给我们的启示》，《延边党校学报》2002 年 9 月。

④ “五个认同”：对伟大祖国的认同、对中华民族的认同、对中华文化的认同、对中国共产党的认同、对中国特色社会主义道路的认同。

彩、喜闻乐见的文化生活。引导各族群众追求现代文明生活，激发各族群众热爱祖国、热爱新疆的美好情感。

2. 实践层面：建构“一体多元”格局——不可泯灭的天性和触摸不到的感官体验

依据李崇富的说法，“国家认同”是指“认识主体对自己生活于其中的、并作为认识客体的国家持有肯定性的认识、态度、情感及信念”。[①] 也即是说：“虽然我的祖国在你眼里很丑，但是基于我的认识、态度、情感及信念而言，我认为我的祖国很美丽，纵然她有缺点，我愿意和她一起改正，迈向未来。”而按照胡鞍钢的说法，国家认同有三项基础条件：“统一的制度体系、共同的沟通语言、充分的社会交往。”[②] 这三个条件：一个是统一的叙事框架和体系，一个是充分社会交往的前提条件，一个是必要的构建和承载。从马克思国家观和认同观出发，个人形成对于所处国家的认同具有必然性。马克思认为，“人即使不象亚里士多德所说的那样，天生是

① 李崇富：《马克思主义国家观和国家认同的问题》，《中国社会科学》2013 年第 9 期。

② 胡鞍钢、马伟、部一龙：《新疆如何实现社会稳定和长治久安》，《新疆师范大学学报》2014 年 10 月。

政治动物，无论如何也天生是社会动物”。[①] 这表明：人的现实存在一定是社会存在，“尤其是伴随着近代以来民族国家成为全世界主流的乃至唯一的国家形态，人的社会存在，必然趋向组织国家”。[②] 因为，人天然地具有寻求共同体的归属、寻找精神故乡的自然需要，国家作为“一定地域内的、历史上的共同体”，是个体寻找归属感的最终依托。正如塞缪尔·亨廷顿所描述的，“人们深恋自己出生和成长的地方，并由此而认同国家”。[③] 国家的产生是现代化的产物和标志，国家认同本身就是现代文化的表现，没有国家认同就不可能有现代文化。但是，文化的多样性和多元性也是现代性的必然要求。既然国家认同和文化的多元都是现代化的表现和要求，那么国家在政治上的一体化与文化的多元化在哲学的层面上是辩证统一的，并不矛盾。但现实层面的文化多元，特别是底层社会的多元文化，往往被肆意地放大，甚至取代

① 《马克思恩格斯全集》（第 23 卷），人民出版社 1972 年版，第 363 页。

② 林尚立：《现代国家认同建构的政治逻辑》，《中国社会科学》2013 年 8 月。

③ ［美］塞缪尔·亨廷顿：《谁是美国人？——美国国民特性面临的挑战》，程克雄译，新华出版社 2010 年版，第 44 页。

或者掩盖了国家认同。也即是说："以多元和分化为特征的价值比较和价值批判，同社会共识的价值底线之间不无矛盾和困惑，影响着当代社会的政治认同。"[①] 进一步而言，"认识到和谈到的'你我'往往是区别和界限，而不是你我之间的共同点，这是人特别是生活在现实中的个人或者小集体所不可避免的天性，它的使然如同人类必须要分清男女那样不可泯灭"。在这里，就极易出现"多元文化主义是与极端的民族主义和国家分裂主义联系在一起的"[②]。这虽然略显执拗，但从第三次民族主义浪潮中苏联和南斯拉夫历史悲剧的蛛丝马迹中可以看到，这一观点也并非无的放矢。

马大正有言："国家的认同，从根本上体现在民族的认同，这里的'民族'，不是单一族裔的'族群'，而是整合于一体的国家民族，在中国就是中华民族。因此，对国族的文化认同，需要正视和尊重国内各群体之间的文化差异，强调各群体共同的历史、共有的价值，

① 詹小美、王仕民：《文化认同视域下的政治认同》，《中国社会科学》2013 年第 9 期。

② 王敏：《多元文化主义差异政治思想：内在逻辑、论争与回应》，《民族研究》2011 年 1 月。

最终形成共同属于一个国族的‘同胞’。”[①] 也即是说：“要实现新疆的社会稳定和长治久安，就要实施‘一体多元’、以国家认同为中心的治疆方略。”[②] 这就要超越新疆底层社会单纯的基于个人心理认知和利益攸关的片面选择，加强各族群众对国家的认同和热爱。新疆各少数民族文化作为中华民族文化的重要组成部分，是中华文化的重要源泉，对中华文化的发展繁荣做出过重大的贡献，要特别重视各少数民族文化元素的保护、发掘、整理和整合工作，增强各少数民族公民作为中华民族一员的自豪感，凝聚各族人民共同致力于中华民族伟大复兴的宏伟事业。但是，新疆底层社会不可否认的现实是，“为了要加强团结，一个民族总是要设法巩固其共同心理。它总是要强调一些有别于其他民族的风俗习惯、生活方式上的特点，赋予强烈的感情，把它升华为代表这民族的标志”。[③] 虽然许多这类的叙事和认同建

① 马大正：《试论正确处理边疆民族文化特色化发展的三个辩证关系》，《新疆社科论坛》2012 年第 5 期。

② 胡鞍钢、马伟、部一龙：《新疆如何实现社会稳定和长治久安》，《新疆师范大学学报》2014 年 10 月。

③ 费孝通：《关于我国的民族识别问题》，《中国社会科学》1980 年第 1 期。

构对新疆社会的安全并不构成实质性的威胁，但如果一个社会的成员过度地关注自我群体的“边界”，显然对整个社会的整合与和谐并没有太多的好处。毕竟，“民族结构的千差万别，反映在思想观念上的差异性界定，是对民族文化多元理解还是一元强制的分歧，在很大程度上决定了民族认同的外延与内涵，它将直接引发因认同标准不同出现的社会排斥和民族冲突，形成共同体内部强调和谐统一与紧张对峙的分水岭，并在实践上导致截然不同的后果”。①

但是，是不是经济发展就能够解决一切问题呢？答案是否定的，因为“如果发展不能够深入到行为主体的动机层面，就只会停留在‘招商引资’、‘高考加分’这种效果有限的政策上，根本性的国家认同问题还是无法得到解决”。② 应该讲，“‘民族识别’工作的实施初衷，是国家权力旨在构建基于民族平等和多元文化主义的国家认同；但从现实结果看，这一工作虽然一开始起到了

① 詹小美、王仕民：《文化认同视域下的政治认同》，《中国社会科学》2013 年第 9 期。

② 沈晓晨：《反新疆分裂斗争中的国家认同问题研究》，博士学位论文，兰州大学，第 15 页。

一定的积极效果，但在当代却往往事与愿违”。[①] 有些族群的部分人群，他们的心理认知里面就是认为：“新疆就是某民族的！”国家层面的新疆往往在他们的日常生活理念里是走不进去的，也是触摸不到的体验。在此，“狭隘民族主义”事实至今还是存在的。要不然，新疆现阶段社会治理的“个性”永远找不到根！正如厄内斯特·盖尔纳在《民族与民族主义》里所描述的：“对于人数较多、且拥有以自己族称命名的自治区的民族而言，这一被凸显的民族身份很可能被部分少数民族精英利用，妄言民族和政治单元的完全契合”，[②] 从而破坏国家认同，最终分裂国家。所以，针对取消民族区域自治，特别是不要把民族地区贴上某一个民族标签的声音在学术界可谓不绝于耳。但这些相关的学者看到了民族发展的历史趋势，还没有看到中国民族地区的社会现实。为什么呢？对于新疆社会而言，当一个民族地区的人口，特别是底层社会的民族交融还没有占有主导地位的时候，提出此种声音，无疑是加深了所在地区的民族隔阂和民族矛盾，

① 贺东航、谢伟民：《中国国家认同的历程与制约因素》，《马克思主义与现实》2012 年第 4 期。

② ［英］厄内斯特·盖尔纳《民族与民族主义》，韩红译，中央编译出版社 2011 年版，第 7 页。

不利于现实的民族问题处理。也即是，“过分重视理想型制度的选择和设计，迷信民族事务治理照搬其他国家制度的移植功效，忽视了特定环境之中体制和机制完善，政策与策略的选择等对提升民族事务治理能力的重要作用”。①

3. 文化层面：建构文化认同的规律——正信挤压、文化对冲和法治约束的“祛魅”过程

在建构文化认同的问题上，自治区党委的思路是：“‘坚持正信挤压、文化对冲、法治约束’，按照‘处理宗教问题的基本原则’②，深入推进‘去极端化’，用好‘五把钥匙’③，厘清认识、总结经验、梳理问题、抓住重点，努力破解宗教领域重点难点问题。”④

---

① 朱军：《中国经济社会转型中的民族问题与民族事务治理——以国家治理能力为分析视角》，《民族研究》2015 年第 1 期。

② “处理宗教问题的基本原则”：保护合法、制止非法、遏制极端、抵御渗透、打击犯罪。

③ “五把钥匙”：始终坚持思想的问题用思想的方法去解决；文化的问题用文化的方式去解决；习俗的问题用尊重的态度去对待；宗教的问题按照宗教的规律去做好工作；暴恐的问题用法治和严打的方式去解决。

④ 新疆维吾尔自治区党委：“自治区召开党委常委（扩大）会议 结合新疆实际做好统战和对台工作”，天山网：张春贤活动报道，http：//news. ts. cn/content/2015 - 02/18/content_ 11033732. htm，2015 年 2 月 18 日。

（1）“正信挤压”的“多元分解”[①]：“极端宗教思想”是犯罪，不是宗教思想

“极端宗教思想”已经不是宗教思想。请不要用“每一个人都应当有可能满足自己的宗教需要，就像满足自己的肉体需要一样，不受警察干涉”[②]来套用于“极端宗教思想”。一些宗教极端分子对宗教观念不强的信教群众采取“六不”[③]手段施加压力，一些宗教极端分子还以“圣战”为名暗杀疆内的伊斯兰宗教人士。试问这些反华势力的所谓“民族精英”们，这个世界上有通过杀害异教徒而升天堂的宗教吗？如果按照他们的推演，佛教徒也可残杀非佛教徒，儒教徒也可残杀非儒教徒。那整个世界不是成为无秩序、无法律的混乱世界了吗？所以，不能按照宗教的评价标准去认识“去极端化”，“极端宗教思想”已经是犯罪，在这里就要凸显“硬治疆”的理念。要全面细化、强化标本兼治、综合施策各

---

① “多元分解”：是一种具有“空间”视野的后现代否定观。它消解整体，主张常识向若干“小体系”转变，呈现多元格局。（注：任平：《当代视野中的马克思》，江苏人民出版社 2008 年版，第 528 页）

② 《马克思恩格斯全集》（第 19 卷），人民出版社 2001 年版，第 34 页。

③ “六不”：见面不握手，节日不拜访，生病不探望，有难不帮助，儿女不结亲，去世不送葬。

项措施，查薄弱、找隐患、定措施、堵漏洞，按照自治区党委 32 条维稳措施，24 个方面硬招、实招和“破团伙、打三非、严管理、强基础”反暴恐举措，强化底线思维，遏制宗教极端思想渗透蔓延。同时，实施“去宗教极端化”，既要有长期目标，又要有短期任务。长期目标：就是坚决“去极端化”，引导民众崇尚世俗化、现代化、流行化、时尚化的生活方式，推进新疆社会走向现代文明的发展进程。短期任务：就是以治理“穿戴留”现象为突破口，坚决遏制彰显宗教极端思想的代表性标识物的蔓延。坚持“三项基本原则”①，严厉打击从事宗教极端违法犯罪活动、宣扬宗教极端思想的宗教极端团伙和宗教极端分子，充分发挥打击和震慑作用，重点打击宗教领域具有“四种现实表现的群体和活动”②。

① “三项基本原则”：坚持打防并举、疏堵结合的原则；坚持外敷里治、综合施策、齐抓共管的原则；坚持重点整治、教育引导、文化引领、夯实基层、齐头并进、综合发力的原则；坚持政治上团结、信仰上尊重、习俗上理解，满足信教群众正常宗教生活和日益增长的精神文化需求，努力引导广大信教群众确立正信、抵制极端的原则。

② “四种现实表现的群体和活动”：一是强迫子女参加地下讲经点或强迫辍学、不送子女就学的家长；二是违反消费者权益保障法在酒店等公共场所阻止他人吸烟、饮酒或干预他人世俗化生活的“宗教警察”；三是违反婚姻法通过念“尼卡”和“三个塔拉克”结婚、离婚或犯有重婚罪的人员；四是违反国家、自治区法律法规从事宗教活动的其他行为。

开展“无蒙面家庭”、“无蒙面村（社区）”、“无蒙面乡（镇、街道）”创建和治理“穿戴留”专项行动。建立违法犯罪人员数据库，依法严打传播宗教极端思想“22种主要表现形式”① 和苗头倾向的危险分子。

不仅“去极端化”这一手要硬，“疏导的一手也要硬”，这里就要凸显“软治疆”的理念。这不仅是“宗

① 宗教极端思想“22种主要表现形式”：1. 鼓吹“除了真主以外，不服从任何人”。宣扬“现在的共产党是异教徒政府，没有按安拉的意愿做事，不要服从现在的政府”；散布“政府颁布的一切证件都是无效的，都应该毁掉”的谬论，煽动把身份证、工作证、结婚证、户口本、营业执照，乃至人民币等撕毁、烧毁；鼓吹只有建立在《古兰经》、圣训和伊斯兰教法基础上的国家才是合法的，否则都是非法的，都要推翻，煽动人们以暴力手段推翻共产党的领导和人民政府，建立所谓的政教合一的“哈里发”国家。2. 妄断“阿拉力”（伊斯兰教法专用词，意为合法事物）和“阿热木”（伊斯兰教法专用词，意为被禁止的事物），将教法延伸至社会政治生活的各个方面，成为判断人们思想行为的准则，制造思想混乱。例如，把生产经营活动所得收入向政府纳税说成是“阿热木”，在政府有关部门登记注册的清真寺跟随宗教人士礼拜是“阿热木”，宗教人士接受政府的生活补贴是“阿热木”，甚至把土地施了化肥生长的粮食也说成是“阿热木”等等。3. 煽动强迫妇女蒙面、戴面纱或穿着“吉里巴甫”服（蒙面罩袍），宣扬妇女蒙面是《古兰经》规定的，不蒙面、不戴面纱是“阿热木”，就不是穆斯林。4. 宣扬穆斯林必须留胡须、留长发。5. 宣扬以念“尼卡”方式结婚或以“三个塔拉克”方式离婚。宣扬结婚男女领结婚证结婚是“阿热木”，爱国主义宗教人士所念的“尼卡”和看着贴着照片的结婚证念的“尼卡”是不算的。6. 宣扬在婚礼上敲锣打鼓、唱歌跳舞，丧事时哭泣是“阿热木”，是属于魔鬼的行为。强迫他人在婚庆喜事不唱歌、不跳舞。宣扬父母或其他亲戚去世后，子女和亲属不哭泣、不过“乃孜尔”。宣扬过“乃孜尔”是“阿热木”，过“乃孜尔”的钱应该捐给清真寺。7. 宣扬穆斯林的子女不能与共产党、干部的子女结婚；宣扬女子与不做5次礼拜的人结婚生活

教必定反映出一种可理解的情境（Zusammenhang）”①的现实存在场域，更是毛泽东所强调的：“我们的原则性必须是坚定的，我们也要有为了实现原则性的一切许可的和必需的灵活性”②的工作方法。要用足、用活、用好法

是“阿热木”。8. 宣扬实施计划生育是“阿热木”，服从国家的计划生育政策，处理已经怀孕胎儿的人是异教徒“卡甫尔”；采取节育措施的女人做的饭不能吃，是“阿热木”。9. 宣传让女孩子上学是不对的。10. 宣扬让子女上“双语”学校、内地高中班、内地大学是不对的，他们会被内地汉族人带坏。11. 宣扬学校给学生提供的饭不能吃，不清真。12. 鼓吹、蛊惑和诱惑家长强迫未成年人或在校学生学经。13. 煽动群众抵制“麦西来甫”、踢足球、打篮球、歌舞表演等文化体育活动，指责说歌舞会使人道德败坏。辱骂、排斥民间艺人弹唱、跳舞，迫其放弃弹唱。14. 歪曲和否定党和政府办的一切媒体宣传，宣传“不能看电视电影、不能听广播、不能读报刊”等言行。宣扬看电视、电影是“阿热木”，这是世界末日的表现。15. 以“异教徒”、“宗教叛徒”、“败类”等，辱骂、排斥、孤立不信教群众或爱国宗教人士，宣扬穆斯林不能与异教徒握手，不能与党员、国家干部打交道。16. 宣扬政府帮助修建的安居房、廉租房不能住，在这些房子里做礼拜是“阿热木”。17. 宣扬不能享受政府低保，不能领用政府发放的面粉、油、衣服等救济物资，不能领取政府发放的粮食补助等各项惠民补助资金。18. 宣扬烟酒是“阿热木”，通过卖烟酒挣的钱是“阿热木”，抽烟、饮酒的人死后必下“地狱”。19. 宣扬汉族人生产的东西不能用，内地厂家生产的东西都是“阿热木”，异教徒做的饭是“阿热木”。20. 宣扬异教徒政权下的土地不能生活、不能做礼拜，宣扬“迁徙（伊吉拉特）”，煽动信教群众到“政教合一”国家和地区去生活。21. 歪曲“吉哈德”的原义，宣扬“吉哈德”就是对“异教徒”进行圣战，不做礼拜只参加“圣战”，杀死“异教徒”，就会“圣战殉教进天堂”。22. 宣扬给“圣战”、“迁徙”而死或被抓的信教家属送钱的功德。

① ［德］M. 海德格尔：《宗教哲学的任务和对象》，欧东明译，《世界哲学》2015 年第 1 期。

② 《毛泽东选集》（第 4 卷），人民出版社 1991 年版，第 1436 页。

律法规，明确什么是蒙面罩袍？为什么不能戴面纱、着吉力巴甫服等问题，明确对屡教不改、执迷不悟人员的处理原则。召开由宗教教职人员参加的宗教领域严打公判大会，公开宣判违法犯罪的在职宗教人士和“野阿訇”，当场以案说法，当场让被告现身说法。公捕公判大会要延伸至重点乡镇街道和村（社区），教育更多的民众树立法制意识，认清“三股势力”反人类、反社会、反文明的罪恶本质。团结一致、同仇敌忾，扩大公捕公判大会的威慑力和震慑力。要坚持贴近群众、吸引群众方针，重点突出“五讲”[①]，提高宣讲员敢讲、能讲、会讲的综合能力。进一步加大党的民族宗教政策、国家的法律法规宣传教育。要注重宣讲对象受众的潜在认知能力，不能把宣传受众不知道的热比娅、不知道的负面“概念”强加给受众，这样做反而在效果上会适得其反。在对象上，要特别突出流动人口及80后、90后的社会青年、重点人员及妇女等宣传教育难以触及的人群；在内容上，有针对性地编写通俗易懂的宣传材料，增强宣传效果；在重心上，要将宣传教育工作更多地放在农村、

① “五讲”：一是党政干部讲政策，二是政法部门讲法律，三是卫生部门讲健康，四是宗教人士讲教义，五是群团组织讲风尚。

社区、城乡结合部；在方式上，要突出“面对面”、“草根化”，使用贴近群众、通俗易懂的语言，以图文、广播、电视、报刊、网络等各种传播渠道，到人、管用、有效。同时，要加大新疆，特别是南疆基层“五好爱国宗教人士”① 的培养力度，严格按照《新编卧尔兹演讲集》和《卧尔兹选编》规范讲经、解经内容，规范清真寺新建、重建、维修程序。充分利用网络远程教育平台，扩大讲经、解经工作的覆盖面，扩大80后、90后年轻人的受众面，减少“法盲”、“教盲”的数量。

（2）“文化对冲”的“此在”与“彼在”：现代文化是活力催化剂、情感黏合剂和文化混凝土

“文化”是中国语言系统中早已有之的词汇。《易经》贲卦的象辞上讲：“刚柔交错，天文也；文明以止，人文也。观乎天文以察时变，观乎人文以化成天下。”② 其意是说：“天生有男有女，男刚女柔，刚柔交错，这是天文，即自然。人类据此而结成一对对夫妇，又从夫妇而化成家庭，而国家，而天下，这是人文，是文化。人

① “五好爱国宗教人士”：爱国爱教好，解经讲经好，民族团结好，文明教风好，发挥作用好。

② 《易经》（贲卦第二十二），燕山出版社2004年版，第117页。

文与天文相对，天文是指天道自然，人文是指社会人伦。治国家者必须观察天道自然的运行规律，以明耕作渔猎之时序；又必须把握现实社会中的人伦秩序，以明君臣、父子、夫妇、兄弟、朋友等等级关系，使人们的行为合乎文明礼仪，并由此而推及天下，以成‘文化’。”[①] 可见，所谓人文，标志着人类文明时代与野蛮时代的区别，标志着人之所以为人的人性，它的宗旨是用人文来对人进行教化。随着时代的发展，现在“文化”已成为一个内涵丰富、外延宽广的多维概念。广义的文化是指人类在社会历史的发展过程中所创造的物质和精神财富的总和。其中包括了物质文化、制度文化和心理文化这三个方面。狭义的文化是指社会的意识形态和与之相适应的制度以及组织机构。作为意识形态的文化，它是一定社会的政治和经济的反映，并且作用于一定社会的政治和经济。

“以现代文化为引领，以科技教育为支撑，加速新型工业化、农牧业现代化、新型城镇化进程；加快改革开放，打造中国西部区域经济增长极和向西开放的桥头堡，

---

① 《易经》（贲卦第二十二），燕山出版社 2004 年版，第 117 页。

建设繁荣富裕和谐稳定的美好新疆。”① 这个战略选择在战略目标和内容的确定上充分尊重了新疆发展的客观规律和客观条件，但又将以现代文化为引领作为战略的前导提了出来，充分关注了主体力量的塑造问题，它是一种活力催化剂。现代文化是适应现代化本质要求的文化。其内涵主要是现代知识、现代观念、现代制度，包括现代科学技术、现代生产方式、现代生活方式、现代艺术等，它是一种文化混凝土。现代文化的核心是引领人们在社会主义现代化建设中实现人的现代化和自由而全面的发展，其特征是世界眼光、尊重差异、包容多样、相互欣赏、一体多元、融合开放、新疆特色，在此，现代文化是情感黏合剂。当前，大众获取信息的方式多元化，所以几乎不可能以断绝信息源的方式来阻止极端思想传播。换言之，必须形成更具魅力的中华文化引导人们接受现代文明。充分尊重公民的宗教信仰自由，有效整合各宗教在维护社会稳定中的道德规范作用，用宗教中的温和向善思想引导信教群众；同时，防止“三股势力”

---

① 新疆维吾尔自治区党委：“在中国共产党新疆维吾尔自治区第八次代表大会上的报告”，新疆日报网：贤文快递，http：//www.xjdaily.com.cn/wkcx/003/652442.shtml，2011 年 10 月 27 日。

以宗教传播为名，“用宗教极端主义迷惑信众，将其与民族分裂主义和暴力恐怖主义活动绑架起来”。[1] 也即是说，宗教极端不是宗教，民族分裂主义和暴力恐怖主义活动不是整个信教群众，请不要把文化领域的“此在”与“彼在”相混淆。但不可否认的是：信教群众的“五功”[2] 认知极容易被利用，从而上升到极端的所谓“第六功”[3]。因为，“五功”已经变成了同吃饭和睡觉一样的生活习惯时，甚至融进了他千年血缘的血液和骨髓里时，“五功”的根深蒂固信仰已经为“第六功”做了铺垫和可接受的潜在心理准备。“五功”就是为了进天堂，而“第六功”不需要前面的“五功”就可以直接进入天堂了。在此，“温和向善的一面已经被‘梦寐’的天堂所感召和彻底收服”，再加上“我来到这个世界所要寻找的痛苦折磨解脱——美好的天堂！而这种解脱已经有了非常便捷的途径——‘第六功’，那就拿起屠刀吧！现实天堂就是拿起屠刀砍向非穆斯林”。所以，以现代文化

---

① 胡鞍钢、马伟、部一龙：《新疆如何实现社会稳定和长治久安》，《新疆师范大学学报》2014 年 10 月。

② “五功”：安拉的唯一信仰，礼拜，封斋，课税，朝觐。

③ “第六功”：杀害非穆斯林，自己和自己以后的 70 代都可以进天堂。

为引领的出发点和立足点是促进各民族思想道德素质和科学文化素质的提高，要做好与“三重身份”① 相符的“四好老师”② 队伍建设；直接体现是推动全社会解放思想、转变观念，动员全社会力量参与到新疆大开放、大建设、大发展的时代潮流中来；直接目的是为实现新疆的两大历史任务提供思想保证、精神动力和主体力量条件；终极目标是实现新疆人的现代化和自由而全面的发展。

（3）“法治约束”的规约和通约：是宪法意识而不是“教法意识”、是公民意识而不是“圣徒意识”

对于新疆社会而言，树立宪法意识是与“教法意识”相对应的。宪法是国家的根本法，是治国安邦的总章程，是党和人民意志的集中体现，具有最高的法律地位、法律权威、法律效力。而不是“教法”在心理的认知最深处具有最高的地位、权威和效力。在此，宪法是一种规约，它对于新疆，特别是南疆的底层社会民众而言，实质上还处于“双向建构”的阶段。国家宪法日的设立，就是要让每个人奉宪法为准绳，通过有效的宪法实施，

① “三重身份”：教师既是教师，又是国家公职人员和知识分子。
② “四好老师”：有历史责任感，为人师表，立德树人，专业过硬。

让宪法和宪法精神深入人心，成为各族人民群众的共同信仰。宪法必须也必将成为一种各族人民的共识和公众信仰。要以国家设立国家宪法日为契机，大力弘扬宪法精神，深入开展宪法宣传教育，把这种教育宣传到清真寺去，渗透到底层社会群体的骨髓里去。从而切实增强新疆民众的宪法意识，推动新疆全面贯彻实施宪法，更好地发挥宪法在新疆全面建成小康社会、全面深化改革、全面推进依法治国及全面从严治党中的重大作用。在新疆社会，树立公民意识是与“圣徒意识”相对应的。什么是公民意识？简单地说就是指公民对自己在国家政治生活和社会生活中的主体地位、主人身份的认识，对相应的责、权、利的认知和价值取向。公民意识不仅是公民个人对自己在国家中地位的自我认识，也是公民自觉地以宪法和法律规定的基本权利和义务为核心内容，以自己在国家政治生活和社会生活中的主体地位为思想来源，把国家主人的责任感、使命感和权利义务观融为一体的自我认识。而不是仅仅以“教法”作为自己的认知和价值取向，按照“教法”去履行所谓的“圣徒”义务和承担责任。在此，“公民意识”是一种通约，它对于新疆，特别是南疆底层社会的民众而言，还处于“双重整合”的阶段。公民意识强调的是个人在社会生活中的责任意识、公德意识、民主意识等基本道德意识，而不是在自我伤感的宗教幻想中执行宗教的“责任意识”、“天堂意识”、“圣徒意识”。要培养公民参与管理社会公共事务的价值、知识和技能，通过公民意识教育，把公民培养成合格的社会公民，培养成具有民主法治理念、自由平等和公平正义的意识，能够享受权利、履行义务和承担责任的具有行为能力的人。

（三）有效路径：大力推进民族之间的交往交流交融

如果说“三个离不开”① 是从思想意识的层面认识到了民族之间关系的重要性，那么“交往交流交融”则为民族之间关系解决的实践提供了根本性的方法和途径。“马克思理论中的人都是具有社会属性的人，交往成为社会联系的手段，构成了社会生活的基本内容，通过交往的发生，使人类社会的产生成为了必然结果。”② 交往的逻辑起点是“共性”，是基于“你我的共同利益”，是通

① “三个离不开”：汉族离不开少数民族、少数民族离不开汉族、少数民族之间也相互离不开。

② 徐洪伟：《马克思交往思想研究》，硕士研究生论文，黑龙江大学哲学学院，2014 年 3 月 28 日，第 25 页。

过“交”而达到“有往有来”和“互利互惠”；交流的逻辑起点是“个性”，是基于“你我之间的差异”，是通过“交”而达到“生生不息”和“共同繁荣”；交融的逻辑起点是心理认知，是基于“你我的民族心理”，是针对人而言的，是通过“交”而实现“融合”。这种融合不是片面理解的同化，也不是绝对的、不可突破的内心深处排斥，而是在心理的“内在层面”认可对方、欣赏对方、接纳对方。不是基于对方的“自我立场”而排斥不同于自己生活和语言环境所造就的认知观，更不是把自己所经历的生活遭遇、挫折和生活感伤诉诸于一个民族或者族群。自己个人的经历不代表这个族群的经历，自己个人的痛苦和不满不代表一个民族的不满和牢骚。

1. **经济交往是文化交流的物质基础和有效载体，也是民族交融得以最后形成的根本途径**

“人们奋斗所争取的一切，都同他们的利益有关”，[①] 但“利益并不是‘放在那儿’，等着去发现，而是通过社会互动构建的”。[②] 并且，这种互动的构建是建立在经

---

① 《马克思恩格斯全集》（第 1 卷），人民出版社 1956 年版，第 82 页。

② 玛丽·菲丽莫尔：《国际社会中的国家利益》，袁正清译，浙江人民出版社 2001 年版，第 2 页。

济交往基础之上的，是通过经济交往的互动构建利益共同体的基础。如果说一个人可以基于先天的文化塑造而产生文化误判，可以基于族群心理的深层次认知而辨别“清真”和“非清真”，但这个人通常不会拒绝带有清真标签的“食物”，以及由此引发的一切的经济联系，而这就为互动的利益共同体构建提供了潜在的心理认知和判断。马克思曾说：“人的本质并不是单个人所固有的抽象物。在其现实性上，它是一切社会关系的总和。”[①] 也就是说，人们是通过实践活动来建立彼此之间的交往关系的，人不是单个的个人，必然要与其他人发生必要的联系，必然要发生交往。马克思在《致巴·瓦·安年柯夫的信》中写道：“社会——不管其形式如何——究竟是什么呢？是人们交互作用的产物。人们能否自由选择某一社会形式呢？决不能。在人们的生产力发展的一定状况下，就会有一定的交换［commerce］和消费形式。”[②] “为了不致丧失已经取得的成果，为了不致失掉文明的果实，人们在他们的交往［commerce］方式不再适合于既

① 《马克思恩格斯选集》（第 1 卷），人民出版社 1972 年版，第 18 页。

② 《马克思恩格斯选集》（第 4 卷），人民出版社 1972 年版，第 320—321 页。

得的生产力时，就不得不改变他们继承下来的一切社会形式。”① 通过马克思的这段经典文本论述能够得知：分别有交互活动、交换、生产关系三方面的蕴意去指向交往。也即是说：在马克思的理论中，人类的两种最基本的活动方式，一种是交往，另一种就是生产。两者之间的关系是相互作用，相互限制的。生产的必然前提就是交往，若没有交往的开始，单个个体的个人是无法进行生产的。马克思认为人类的生产是要在社会的条件下完成的，所以人与人的相互联系就成为了生产的前提条件。但反过来，物质生产的发展，又对于交往的形式产生了决定性的作用。一方面体现在交往的具体方式上，另一方面体现在具体的组织形式上。也就是说，“交往与生产之间的作用和联系，为我们交织出了一个体系运作完整的整体”。② 并且，由于生产力的发展程度与交往形式是相互适应的，社会才能在一定组织形式下稳定地运行。但随着人类的生产技术等因素的不断发展，社会矛盾的不断堆积，就会导致现有交往形式的破裂，旧的交往形

① 《马克思恩格斯选集》（第 4 卷），人民出版社 1972 年版，第 321 页。

② 徐洪伟：《马克思交往思想研究》，硕士研究生论文，黑龙江大学哲学学院，2014 年 3 月 28 日，第 25 页。

式由于不适应现有生产力的要求，新的交往形式必然生成。“所以正是由于生产力与交往形式的这对矛盾，逐渐推动社会的前进发展。”① 由此可以判定：充分的经济交往会促进各民族群众交往交流交融，是强化国家认同形成的现实基础，是民族文化交流的物质基础和有效载体，也是民族交融得以最后形成的根本途径，更是加强民族团结、维护祖国统一、确保边疆长治久安的底层社会基础。但正如一些研究人员所指出的：“在经济交往过程中的‘优惠’、‘优先’、‘照顾’以及‘惠顾’等实际上的情感取向，一方面引起新疆汉族人的不满，认为：‘我们也是在新疆，为什么对他们这么好？’另一方面，则是容易引起部分少数民族的‘民族歧视’意识。”这不仅是“不满”和“歧视”意识，而是“国家的社会福利政策极易引发国民对公民权利和社会福利的独占心理，以及不许外人染指的利益诉求，进而对政府提出永无止境的经济要求，这就为政治认同的现实式微埋下了伏笔”。② 这是值得进一步探讨的底层社会民众的心理认知

① 徐洪伟：《马克思交往思想研究》，硕士研究生论文，黑龙江大学哲学学院，2014 年 3 月 28 日，第 25 页。

② 詹小美、王仕民：《文化认同视域下的政治认同》，《中国社会科学》2013 年第 9 期。

倾向，也是情感型治理和规则型治理及族际型治理和区域型治理孰轻孰重的底层社会考量。针对这种状况，学界已有人提出："在市场化改革过程中，国有企业与私营部门对效率与利润的重视，极大的抵消了民族优惠政策所追求的民族平等与社会正义目标。"① 而"城镇化下涌现的一些现代企业及其文化理念，一定程度上弱化了各民族员工对本民族文化的过度自我意识，推动了民族关系的良性发展"。②

2. **文化交流是经济交往的必然结果，也是民族交融的关键环节**

"中华民族是一个极具包容性的伟大民族。"③ 中华民族中人数最多的汉族本身就是一个各民族交往交流交融的产物，包融了大量原来不属于汉族的其他民族。在这一进程中，中华民族之各少数民族也不同程度地吸收融合了其他民族包括汉族的要素。新疆是个多民族聚居的地方，在共同生活和交往的过程中，各民族间的文化必然发生交

① 朱军：《中国经济社会转型中的民族问题与民族事务治理——以国家治理能力为分析视角》，《民族研究》2015 年第 1 期。

② 程红波：《新疆城镇民族关系调查与分析——以额敏县城为研究个案》，《新疆职业大学学报》2009 年第 10 期。

③ 胡鞍钢、胡联合：《民族交往交流交融可为全国各族人民创造更广阔的发展空间和机会》，《中国民族报》2014 年 6 月 10 日第 1 版。

流，必然产生相互影响。而且很多交流和影响都是在无意中发生、积淀、演化和生成的，即使你不知道什么是文化交流，但你爱上吃馕、爱上馕坑肉的喷香或者你在小时候喜欢春节的热闹和追逐烟花的绚烂时，你已经在进行了文化交流。在今天这样一个信息时代，在传播媒介高度发达、人际交流日益密切的今天，任何一个民族都很难说自己的文化是绝对没有受到外来文化影响的所谓“纯粹文化”。文化没有高低、没有优劣之分，文化的交流是建立在自由和平等的基础之上的，并且，这种自由和平等往往是潜在的、不易被发觉的和谐地发展与相得益彰。在新疆社会，民族文化交流的主体主要发生在维族和汉族这两大民族之间。“维吾尔族民风淳朴，往往视通晓维吾尔语的汉族干部为自己人”，① 而居住在新疆地区的汉族，一方面与当地的少数民族有着天然的生活联系，一方面充当着新疆少数民族与内地联系的桥梁和纽带。新疆解放以来的历史表明：文化差异往往是影响汉维民族关系的重要因素之一。并且，“……由于民族差异、城乡差异等现象客观存在，少数民族群众往往会出现浮躁和抵触情绪，经常就

① 茹仙古丽·玉素甫：《新时期新疆汉维民族关系研究》，硕士学位论文，新疆师范大学法经学院，2013 年，第 15 页。

打出‘少数民族’的牌子，进而引起矛盾和纠纷”。[①] 从国家的整体层面来说，这或许不足为虑，但须知，“人类因无知或偏见引起的冲突，有时比因利益引起的冲突更可怕”。[②]

60 多年来，新疆汉维民族间的关系总体是和睦的，表现为相互依存，共性趋增，共同发展。在广泛、深入的交往中，民族间的共同因素越来越多，差异越来越不明显，中华民族凝聚力越来越增强。受现代生活方式的影响，汉维民族在物质生活层面（衣食住行等）表现出明显的趋同性。广播、电视以及互联网的迅速发展，使外界的文化信息大量进入城镇乡村，形成文化共享的态势。语言是文化的基石，是人们日常联系和交流思想的“最重要的交际工具”，[③] 也是民族文化的具体表现形式。语言与文化是密不可分的，没有语言，文化就失去载体，没有文化，语言就成了无源之水。“如果不同民族的人在

① 张建兵：《新时期新疆民族关系发展现状及对策研究》，硕士学位论文，新疆师范大学 2012 届法经学院，第 31 页。

② 温家宝总理在哈佛大学的演讲：“把目光投向中国”，人民网：高层动态，http：//www. people. com. cn/GB/shehui/1061/2241298. html，2003 年 12 月 11 日。

③ 郑杭生：《民族社会学概论》，中国人民大学出版社 2005 年版，第 257 页。

童年时期有良好交流，将对其民族观和行为产生重要影响，更容易促进民族团结。语言的掌握也可使少数民族更好地适应市场经济的激烈竞争。”[①] 这也是近年来新疆大力提倡和推行双语教育的根本所在，“双语教学政策缩小了各个民族的文化距离感，增加了共同性，促进了族际通婚，减少了就业不平等，促进了民族的团结”。[②] 也即是说，双语的实施助推了文化共享，这种基于文化交流的共享是经济交往的必然结果，而文化共享的趋势不仅明显地缩小了汉维之间的心理距离，而且逐渐形成了有特色的新疆区域民族习俗，这就为民族交融的落地生根创造了至关重要的现实环节。以饮食习俗为例，在新疆，不论是工作会餐还是聚餐，只要其中有穆斯林，大家一般都选择清真餐厅。过去，新疆的维吾尔族较少吃蔬菜，现在汉族的各式符合穆斯林饮食习俗的炒菜也摆上了他们的餐桌。汉维民族共同欢度节庆，在维吾尔族的古尔邦节、肉孜节，不信仰伊斯兰教的汉族也向过节民族群众问好祝福。在春节这个汉族传统节日里，许多

① ［澳］希尔：《以苏格兰学生的观点为例》，《欧洲教育杂志》2007年第2期。

② ［美］玛丽：《民族动员模式在新疆维吾尔族和旁遮普锡克族之间的研究》，《民族和种族研究》2007年第4期。

维吾尔族干部群众也到汉族同事家里拜年问候。而在人口流动方面，“近年来，新疆与内地之间的人口流动逐渐从内地人口（包括汉族在内）流入新疆，发展为新疆与内地的人口双向流动，而且流动的数量和频度也在不断加大，这为汉维个体互动创造了一定的条件”。[①] 但“除部分地区因汉维个体长期交错杂居而关系密切外，整体来看，汉维个体互动依然存在领域狭窄和深度缺乏的局限性”。“生活层面的互动虽也有所扩展，但依然不多，依旧缺少深层次对话。”[②] 在这里，须知文化异质性是分裂主义产生的文化前提。举个例子，在新疆底层社会，如果你的邻居是虔诚的伊斯兰信众，即使你和他已经认识和相处了十几年，关系非常友好，但如果你请他到你家里做客，当着他的面把你的锅刷到一百遍或者直接说你的锅是新买的，他也不会吃你做的饭。这不仅是一个是否尊重习俗的问题，更是一个在内心最深处是否相信和接纳对方的问题。因此，汉维民族互动中深层次的文化沟通，也就是民族交融，有待实现。

---

① 陈怀川、张素绮：《论族际个体互动视角下汉维关系走向及其深层影响因素》，《新疆社会科学》2010 年第 6 期。

② 茹仙古丽·玉素甫：《新时期新疆汉维民族关系研究》，硕士学位论文，新疆师范大学法经学院，2013 年，第 20 页。

3. 民族交融是经济交往的必然归宿，也是文化交流的最终体现

各个民族都有自己悠久的文化发展史以及在历史进程中形成的传统特色文化。影响民族交融的因素主要表现于各民族在语言、风俗习惯、宗教等方面的差异，也即是：民族之间是否存在语言不通、生活习俗“异样”、价值观念不同、行为规范“异质”等认知和行为取向。在此，不可否认的事实是：不同民族如果在这些方面存在着十分显著的差别，对于民族成员之间的交往与融合会造成程度甚深的障碍。在现实中，“汉维民族关系处在新疆民族关系互动界面和民族认同的前沿”，[①] 汉族和维吾尔族运用自我独有的一系列文化体系来表达各自的文化特点。就局部来说，汉维民族作为新疆人口较多的民族，两个民族之间的文化差异比较明显，其文化差异易导致民族交往过程中不可避免的误解、摩擦和矛盾。就整体而言，在新疆汉维民族人口多且分布广，无论是城镇还是在乡村，汉维两个民族杂居混居、共同生活都是十分普遍的。当然，考察汉族与维吾尔族的关系时，不

① 茹仙古丽·玉素甫：《新时期新疆汉维民族关系研究》，硕士学位论文，新疆师范大学法经学院，2013 年，第 2 页。

应对所有的人一概而论。“维吾尔族中不同阶层的人对国家认同及与汉族人的关系是明显不同的，其中商人阶层往往有比较多的国家认同的观念，与汉族人交往较多，关系也较好。”① 汉族和维吾尔族在长期的交流与互动过程中，不断地在自我调试和相互适应过程中整合为一个具有很强地域特征和群体特色的文化体系。这既是经济交往的必然归宿，也是文化交流的最终体现。新疆汉维民族关系是一个经由差异、不适应……直至适应再到交融的多次反复过程。但不可忽视的现实，特别是新疆底层社会的现实是基于习俗、宗教信仰、语言等导致的文化差异也在汉维民族间形成了影响交往的“界线”。人们谈文化，特别是多种文化，往往总是强调甚至夸大差异，问题的关键是要制造距离。而这种距离感的源头其实就是“清真”和“非清真”，并且这种“清真”和“非清真”的内涵和范畴往往会被人为地放大和歪曲解读，甚至会渗入到：我的身份证是不是清真的？汉族人修的道路是不是清真的？我从汉族人开的商场买的衣服是不是清真的？等等。这种距离成为影响汉维民族关系

---

① ［美］杜赞奇：《民族主义话语与中国现代史研究》，王宪明译，社会科学文献出版社 2003 年版，第 6 页。

的不利因素。究其原因，还是伊斯兰教的世俗化和现代化问题。

现代化、世俗化的本质要求是个人化。个人化过程中以原有的组织、血缘、宗教、地域、风俗为纽带的小共同体破裂，一个大的、新的共同体被重建起来，这就是公民社会。现代化生活，交通、通信的发达使知识平民化、经济独立化，以地方性权威维持的小共同体的破裂与地方性权威的没落崩溃互为因果、互相推进。这个时候依靠扶持旧有宗教组织来整合社会，是与历史潮流背道而驰的。一部分人返回原典，以古老的道德和教义要求自己。“特别是在新疆宗教氛围浓厚的南疆贫困农村，维吾尔族群众经常把是否信仰宗教看作是不是一个真正维吾尔族人的重要标志。”① 所以，交流与互动是相互作用、相互影响的过程，不是仅仅一味的忍让和放纵一方的过度侵袭过程，更不是仅仅强调单方的平等而不顾忌他方的平等感受和体验。民族间的交流与互动实践是民族社会关系形成的真正实现形式，并且，这种真正的实现形式不是生活在现实生活中的人所感知的“形而

① 张建兵：《新时期新疆民族关系发展现状及对策研究》，硕士学位论文，新疆师范大学2012届法经学院，第28页。

上”和“机械”认知，而是基于辩证的实践互动过程。正如社会学家特纳所说：“互动总是一个暂定性的过程，一个不断地验证某人对他人角色的看法的过程”,[①] 并且，这种互动是一种基于“扬弃”的多维互动过程。“多维”就是不仅仅锁定在经济和文化领域，更是官方与民间、上层社会与底层社会及各阶层、各民族之间的互动。“扬弃”不是单方面的“扬弃”，它是本土文化把经过扬弃的交流对象纳入自身的接纳型扬弃，进而本土文化用经过扬弃的交流对象替换自身某个要素集的替换型扬弃。最终，“扬弃”是本土文化把经过扬弃的交流对象与自身某个要素集的一部分融合的融合型扬弃。这种扬弃既扬弃了交流对象，又扬弃了自身的一个要素集。从而汉维民族在交流与互动中将逐渐调适自己的交流与互动行为，逐步形成对其他族员行为的了解、认知、包容、认同等。在这一多次交流与互动过程中，少数民族族员将会淡化族别意识，增强互动角色意识，从而实现由民族认同到国家认同的转向，进而达到民族之间的交

---

① ［美］乔纳森·特纳：《社会学理论的结构》（下），邱泽奇等译，华夏出版社 2001 年版，第 50 页。

融，实现共享的“交往性”①。在此期间，“各民族要相互了解、相互尊重、相互包容、相互欣赏、相互学习、相互帮助，像石榴籽那样紧紧抱在一起”。② 这就要求，不仅是新疆党政要部署和开展多种形式的共建工作，推动建立各民族相互嵌入式的社会结构和社区环境建设，全国党政也要有序扩大新疆少数民族群众到内地接受教育、就业、居住的规模，促进各族群众在共同生产生活和工作学习中加深了解、增进感情。

（四）决定因素：干部队伍建设

无论多么美好的图景，它都要落实到现实的行动中来，而这个现实行动的决定因素则是“类本质”的人。在革命战争年代，毛泽东曾指出：“中国共产党是在一个几万万人的大民族中领导伟大革命斗争的党，没有多数德才兼备的领导干部，是不能完成其历史任务的。”③ 同

---

① “交往性”：指知识经济是在知识的创新与使用的结合上产生的，知识的本性是具有强烈的交往性与共享性。（注：任平：《当代视野中的马克思》，江苏人民出版社 2008 年版，第 302 页）

② “中央民族工作会议暨国务院第六次全国民族团结进步表彰大会在京举行”，新华网：高层动态，http：//news. xinhuanet. com/politics/2014 - 09/29/c_ 1112683008. htm，2014 年 9 月 29 日。

③ 《毛泽东选集》（第 2 卷），人民出版社 1991 年版，第 526 页。

时，他认为：“正确的路线确定之后，干部就是决定的因素。”① 也即是说，只有德才兼备的干部和正确的路线结合起来，才能在现实的实践中发挥改造世界的力量。在干部队伍的建设方面，毛泽东反对干部脱离群众，脱离实际，高高在上，做官当老爷。他认为，共产党的干部，不论职位高低，都是人民的勤务员，都必须全心全意为人民服务。他提醒干部正确使用手中的权力，警惕资产阶级“糖衣炮弹”的进攻，抑制剥削阶级腐朽思想的侵蚀，防止蜕化变质，并毫不留情地同各种腐败现象作斗争，保持党的干部队伍的纯洁性。

1. 精神锤炼：“新疆精神”的提出与“三干两努力”② 的战略意义

自治区第八次党代会报告中关于新疆精神是这样阐述的：要大力弘扬“爱国爱疆、团结奉献、勤劳互助、开放进取”③ 的新疆精神。“爱国爱疆”，首先是热爱国

① 《毛泽东选集》（第2卷），人民出版社1991年版，第526页。

② “三干两努力”：全心全意地干、务求实效地干、争分夺秒地干，坚持只有努力才能改变、只要努力就能改变。

③ 新疆维吾尔自治区党委：“变化变革　敢于担当　务求实效　为实现新疆跨越式发展和长治久安而奋斗——张春贤在中国共产党新疆维吾尔自治区第八次代表大会上的报告（摘要）”，新疆日报网：贤文快递，http：//www.xjdaily.com.cn/wkcx/003/652442.shtml，2011年10月27日。

家，这不仅是价值取向的第一位择取，更是没有国何来疆的逻辑推演。爱国主义是中华民族最深厚的传统感知，它基于中华文化的千年基因，最能感召中华儿女团结奋斗和奋不顾身的贡献精神。这一条站得很高，是贯彻中央“国之魂”的价值观。新疆是边疆地区，它的地缘特性决定了它在与其他省区的横向比较中区域认同的首选性，也就是一定要“爱疆”。并且，这种区域认同的“爱疆”是不设定特殊民族归属的。相对内地，来新疆的汉族不多，在亲朋好友的私聊中，有几个人肯认同自己是原原本本的新疆人（疆二代例外），大部分都在畅谈自己的户籍原来是哪里的，自己来自于哪里，所以，新疆汉族的本地认同很重要。家乡的归宿是不忍割舍的情，认同自己原本新疆的土生土长则是民族的大义。“团结”是新中国建立以来就有的新疆精神，是新疆的生命线。哪个时期做得好，哪个时期新疆就会快速发展。这里的团结不仅是汉族与汉族的团结，更是汉族与少数民族及少数民族之间的相互团结。对新疆社会而言，勤劳对应的不是不设底线的依赖和“等、靠、要”，强调的是内生性。不能在自我的潜意识里预设：“你们本来就应该帮助我们，你们给的都是你们该给的！”而是要在自主性、主动性和能动性方面展现自我的能耐。人不是单个的个人，必定需要其他人的认可和帮助，并且这种互助不设定民族的界限。新疆不能因为它的地缘敏感性而不开放，不能因为他相对于“内陆、沿海省份”的落后而不进取，更不能因为他在追赶世界潮流中的暂居“次要”而不创新。新疆精神在现实的意蕴中指向的是新疆效率，而效率既是开放和竞争的系统要素，又是进取和创新的现实驱动。开放是进取和创新的前提预设，进取和创新是开放的价值归宿。

在贯彻落实第四次全国对口支援新疆工作会议精神时，自治区党委明确指出：“要进一步发挥主体作用，坚持‘三干两努力’，变化变革、敢于担当、务求实效，确保新疆一年一变样、五年见成效、十年大变样，创造新的人间奇迹。”① 它的战略意义：一方面是充分肯定了发挥人的主观能动性的重要性，要求树立全心全意地干、务求实效地干、争分夺秒地干的能动理念；要在实践中进一步解放思想、更新观念、变化变革；围绕

① 新疆维吾尔自治区党委：“新疆党委召开常委（扩大）会议传达贯彻第四次援疆工作会议”，亚心网：新闻中心，http：//news. sina. com. cn/c/2013 -09 -27/044028312201. shtml，2013 年9 月27 日。

“三个任务”①，主动跟进、主动研究、主动沟通，把情况吃透，把工作做细，把需求搞清楚，使援疆目标责任更加科学、早日落实；要抢抓机遇，主动落实已经批准好的项目，规划建设一批重大项目；增强完成两大历史任务的事业心和紧迫感。另一方面是充分地尊重客观规律，坚持只有努力才能改变，不盲目乐观，也不盲目自大。抓紧进行梳理，进一步摸清底数、完善政策，充分释放就业创业的政策效力。特别是要抓好现有政策的落实，最大限度地激发就业创业活力；要加大力度，着力解决好教育发展的突出问题；要坚持走“三化”② 道路，重视和发展实体经济，加快建设现代产业体系；坚持技术创新、重视结构调整；要坚持互利共赢原则，搞好区域合作。归结起来，只要努力就能改变是以“时不我待”的精神实现理想和现实相统一的实践过程。贵在落实和真抓实干。在新疆工作只能讲境界，没有精神境界是不行的，只有首先牢记祖国才能在新疆立住脚。“在新疆工作还要忘记年龄，60 岁的人要当30 岁的用，要充满

① “三个任务”：也被称之为“三个搞上去”。即：一定要千方百计把就业搞上去；一定要坚定不移把教育搞上去；一定要坚持不懈把人才建设搞上去。

② “三化”：新型工业化、农牧业现代化、新型城镇化进程。

朝气，‘要像小老虎一样工作’！”[①] 要体会“境界”，承担历史与未来赋予我们的使命感，要树立“四个忘记，一个牢记”[②]。

2. 干部队伍建设的目标：“四强干部”[③] 提出的现实意义

干部的精气神决定了一个地方的改革气象和完成目标的决心。自治区党委强调：要建设“四强干部”队伍。这是各级干部扎实、有效开展各项工作的总遵循。它的现实意义：一是，“政治上强”：对新疆社会而言，大是大非的根本评判标准就是政治立场是否坚定。这种坚定性是表里如一的坚定，不是为了坐稳位子的“当面一套”和“背后一套”，也不是为了应付差事的喊口号和形象表态，更不是“吃完饭进行宗教抹嘴礼仪感谢共产党和国家的忽悠及欺骗”。[④] 要有坚定的共产主义理想信念，有崇高的信仰，不是在位不信宗教，退休立刻改

---

① 新疆维吾尔自治区党委：“张春贤谈新疆精神：‘儿子娃娃’要敢于担当”，凤凰网：城市，http：//city. ifeng. com/gsms/20120531/264562. shtml，2012 年 5 月 31 日。

② “四个忘记，一个牢记”：治疆兴疆者要忘记浮名、忘记疲惫、忘记风险、忘记年龄，牢记国家利益第一。

③ “四强干部”：是指政治上强、能力上强、作风上强、心力上强的干部。

④ 其实，他感谢的不是他嘴上的共产党和国家，而是他心理隐藏的他的“造物主”，他依然还是“造物主”的子民。

信宗教的政治投机。二是，“能力上强”：对于新疆社会而言，能力既是自上而下的贯彻力和执行力，也就是较强的学习理解政策的能力、驾驭复杂局面的能力，又是自下而上的动员力和参与力，也就是做群众工作的能力、促进各族干部交往交流交融的能力。它既是一种接受和吸收的自我塑造，又是一种源始和融通的自我超越。它认识自己，又不能认清自己，敢做善成，能干事、能干成事，最终在荒原的迷茫中突破了“呆若木鸡”的沉沦。三是，“作风上强”：就是要按照“三严三实”[①] 要求，严格规范自己的行为，弘扬焦裕禄精神，自觉抵制形式主义、官僚主义、享乐主义和奢靡之风。对于新疆社会而言，作风不仅是一个关涉自我卓越的自发诉求，更是新疆底层社会祛除“形而上”的判断。国家层面的作风对于新疆社会而言，既是党政形象的诠释，又是民族关系是否融洽的诠证体验。因为，“他者”基于身份认同的体察往往掩蔽他所疏离的海市蜃楼的承载。四是，“心力上强”：就是心理上有定力。对于新疆特别是南疆社会而言，面对复杂形势、繁重工作、各种非议。心力

① “三严三实”：严以修身、严以用权、严以律己，谋事要实、创业要实、做人要实。

不仅体现在对敌对势力无休止和防不胜防的耐磨力，不畏惧、不气馁，抗折腾、抗打击；还体现在对于绵延不断的一级响应战备和值班的承受力，处之泰然、成熟淡定；更体现在南疆基层相对于“内地、沿海省份”不止于三倍工作量的忠诚力，以舍我其谁、气吞山河的气魄，炼成“蒸不烂、煮不熟、捶不扁、炒不爆、响当当一粒铜豌豆”，甘当新疆各族人民的“儿子娃娃”。

3. “三个不吃亏”[①] 与“火线提拔干部”[②] 的实际操作

自治区党委七届九次全委（扩大）会议上就提出：要树立“三个不吃亏”的用人导向。在实际的操作过程中：一要在制度上保障干部的选拔任用，这是静态标准，也是规制约束，它是客体性的参照标准。这就要求在动态的运行和操作过程中：（1）要建立健全科学客观公正的考核评价机制，使之能够挤干“水分”，考出实情；（2）要建立科学公正选拔任用干部的机制；（3）完善干部选拔任用的监督机制。二要领导的意识到位，这是动

---

① “三个不吃亏”：不让综合素质高的人吃亏（让德才兼备、坚持科学发展不动摇、推进富民强省有成效的人不吃亏），不让干事的人吃亏（让敢闯敢干、勇于创新、敢于担当、实绩突出的人不吃亏），不让老实人吃亏（让思想务实、生活朴实、作风扎实、不事张扬、默默奉献的人不吃亏）。

② “火线提拔干部”：提拔在反分裂斗争中敢于豁出去的干部。

态运作，也是理性择取，它是主体性的曲直考量和决断。这就要求，每一位领导干部都要真正树立注重品行、崇尚实干、群众公认的正确用人导向和意识，把眼光投向那些不事张扬、埋头肯干的干部，工作中要善于发现人才、关心人才、支持人才、肯定人才，宣传人才。同时提出要“提拔在反分裂斗争中敢于豁出去的干部”。在实际操作过程中：一是选人要突出政治坚强，选拔严格遵守政治纪律，提拔奖励在反分裂斗争中敢于站出来豁出去的干部，这是风口浪尖的最大政治检验；二是选用对党和人民事业敢于负责、敢于担当的干部，这是主体的道德和能力验证；三是加大少数民族干部培养选拔工作力度，进一步加强基层少数民族干部力量，进一步拓宽乡镇等基层干部来源，这是保障底层社会的组织根基；四是坚持面向基层一线培养选拔干部，把在基层一线表现突出的干部选调到各级机关工作，这是调动面向基层和服务基层的积极性，最终铸就干部能力的有效途径；五是加大年轻干部培养选拔力度，把那些看得准、综合素质好、有发展潜力的年轻干部有计划地放到发展稳定的第一线，放到基层和急难险重岗位、复杂环境中去磨炼、去识别、去甄选，多经风雨考验，这是培养后备和后续领导干部的有效平台；六是树立良好官德，注意加强对领导干部的官德教育和考核，这是领导干部提高自身党性修养的基础。

4. 干部队伍建设的实践途径："善学习、比团结、抓落实、重效果"

"西方学术界有一种观点，认为中国共产党之所以能够长期执政，是因为其权力运作机制中存在着一种能够有效化解外部冲击的柔韧性，即学习、调整与吸纳的能力。"① 其实不然，西方学者只是看到了表面，还没有把握中国共产党能够长期执政的哲学底蕴。自治区党委理论学习中心组集体学习时提出："各级党组织、广大干部要善学习、讲法治、比团结、抓落实、重效果。"② 一，"善学习"：就是要把学习贯穿全年工作、生活当中，要深入学习习近平总书记系列重要讲话精神，学习自治区相关会议精神，学习与本职工作相关的各类知识。通过学习，时时刻刻树立"党中央的要求就是我们的任务"

① 张弛：《学习、调整与吸纳——西方学者关于中国共产党执政之谜的研究》，《毛泽东邓小平理论研究》2014 年第 4 期。

② 张春贤："善学习讲法治比团结抓落实重效果"，新疆日报网：要闻，http：//www. xjdaily. com. cn/news/002/ 1166040. shtml，2015 年 1 月 4 日。

意识，坚决同党中央保持高度一致，适应不断变化的形势，把学习贯穿全年工作、生活当中。可以明确地判定，这里的“善学习”不是什么都学，也不是学习“歪门邪道”，而是理论结合实践的学习，更是在实践的基础上进行创新性的学习。二，“比团结”：就是班子成员要敞开心扉，打开心结，放开胸怀，像亲兄弟一样真诚相待，从自己做起，为全疆作出榜样。而不是遮遮掩掩、当面一套、背后一套的“假团结”，更不是“嘴上团结，内在认知不团结”。要坚持党员讲党性、干部讲标准，珍惜友谊、珍惜团结、珍惜工作中建立起的友情，且行且珍惜。而不是基于狭隘的血缘、地缘、族缘、亲缘等进行毫无原则和党性的“背后团结”。要真正做到，不利于团结的话不说，不利于团结的事不做。三，“抓落实”：就是要按照“三严三实”要求，做“四强”干部，领导干部自身必须廉洁，提升理解力、执行力、落实力，这是“抓落实”的主体要件；要明确责任、任务、重点，把责任落到实处，这是“抓落实”的工作导向；要形成党委总揽全局、协调各方、各套班子抓落实的格局和机制，重大决策、重大事项由党委作出部署，各方面去执行完成，这是“抓落实”的全局观和决策取向；要坚决贯彻落实中央八项规定和自治区党委十项规定，抓点带面，转变作风，防止击鼓传花，不折不扣地贯彻落实中央和自治区党委决策部署，这是“抓落实”的力量基础；要强督导、抓落实、见效果，这是“抓落实”的必要反馈。四，“重效果”：以党中央、自治区党委部署要求是否得到落实来检验效果；以决策部署是否符合实际、是否见到了预期目的来检验效果；以绝大多数各族人民是否满意来检验效果；以是否在工作中存在亦左亦右现象来检验治理能力，这是“重效果”的标准考量。

王立胜（1963—　），男，山东莒南人，法学博士，中国社会科学院经济研究所党委书记，中国社会科学院当代中国马克思主义政治经济学创新智库常务理事长，中国特色社会主义政治经济学论坛主席、理事长，中国社会科学院中国现代经济史研究中心理事长，中国《资本论》研究会副会长。主要研究方向：中国特色社会主义政治经济学，新疆问题，中国化马克思主义。

杜武征（1985—　），男，安徽亳州人，上海师范大学马克思主义学院博士研究生，新疆艺术学院政治课教师，主要研究方向：毛泽东思想与边疆学。